APONTAMENTOS SOBRE A "TEORIA DO AUTORITARISMO"

Florestan Fernandes

APONTAMENTOS SOBRE A "TEORIA DO AUTORITARISMO"

Prefácio de Heloísa Rodrigues Fernandes

1ª edição
Expressão Popular
São Paulo – 2019

Copyright © 2019 by Editora Expressão Popular
Copyright © da primeira publicação: 1979, Editora de Humanismo, Ciência e Tecnologia Hucitec Ltda.

Revisão: *Cecília Luedemann, Miguel Yoshida e Lia Urbini*
Projeto gráfico, diagramação e capa: *ZAP Design*
Imagem da capa: *Desocupados o Desocupación, 1934 – Antonio Berni*
Impressão e acabamento: *Paym*

```
         Dados Internacionais de Catalogação-na-Publicação (CIP)
         Fernandes, Florestan, 1920-1995
F363a    Apontamentos sobre a "Teoria do Autoritarismo". /
         Florestan Fernandes. —1.ed.--São Paulo : Expressão
         Popular, 2019.
         165 p.

              Indexado em GeoDados - http://www.geodados.uem.br.
              ISBN 978-85-7743-352-0

              1. Autoritarismo. 2. Capitalismo. 3. Socialismo. I.Título.

                                                    CDU 321.64
         Catalogação na Publicação: Eliane M. S. Jovanovich  CRB 9/1250
```

Todos os direitos reservados.
Nenhuma parte desse livro pode ser utilizada ou reproduzida sem a autorização da editora.

1ª edição: março de 2019
2ª reimpressão: janeiro de 2022

EDITORA EXPRESSÃO POPULAR
Rua Abolição, 197 – Bela Vista
CEP 01319-010 – São Paulo – SP
Tel: (11) 3112-0941 / 3105-9500
livraria@expressaopopular.com.br
www.expressaopopular.com.br
🅕 ed.expressaopopular
🅞 editoraexpressaopopular

SUMÁRIO

Nota editorial 9
APRESENTAÇÃO
Por que reeditar hoje um texto de Florestan Fernandes
de 1978 sobre o autoritarismo? 11
Renata Couto Moreira

Prefácio à edição de 1979 25
Heloísa Rodrigues Fernandes

Explicação 33
Florestan Fernandes

TEORIA DO AUTORITARISMO

Existe uma teoria do autoritarismo? 39
1. Parte conceitual e crítica 39
2. O ponto de vista sociológico no estudo do problema 49

O Estado sob o capitalismo recente 59
1. Classe e conflito de classes sob
   o capitalismo monopolista 59
2. O Estado capitalista na era atual 70
3. O Estado capitalista da periferia 81
4. A contrarrevolução em escala mundial 92

O Estado na "transição para o socialismo" 107
1. Autoritarismo e socialismo 107
2. O cerco capitalista 120
3. As revoluções socialistas do século XX:
   Os dilemas do "socialismo de acumulação" 144

A todos aqueles que
lutam, sofrem e morrem
sem esperanças.

NOTA EDITORIAL

Os clássicos do pensamento social equivalem a um campo fértil ao qual retornamos com a certeza de seu potencial germinador. Com isso em mente, a Adunirio, seção sindical dos docentes da Unirio e filiada ao Andes-SN, e a Expressão Popular firmam uma parceria de edição de obras de importantes pensadores e militantes brasileiros que dedicaram suas vidas para compreender as dinâmicas sociais latino-americanas, com destaque para o Brasil. Desta parceria entre sindicato e editora serão lançados três títulos em 2019: as reedições de *Apontamentos sobre a 'teoria do autoritarismo'*, de Florestan Fernandes, e *A ditadura do grande capital*, de Octavio Ianni; e, pela primeira vez em língua portuguesa, *O reformismo e a contrarrevolução (estudos sobre Chile)*, de Ruy Mauro Marini.

As obras foram escolhidas pela sua capacidade de lançar luz sobre questões fundamentais do nosso capitalismo dependente e das formas autocráticas de dominação burguesa na América Latina. O momento nos parece adequado, pois observamos o imperialismo retomando seu fôlego e forças reacionárias ganhando posições estratégicas em diversos Estados nacionais, o que resulta em derrotas históricas da classe trabalhadora, que por sua vez resiste ativamente de diversas formas.

É preciso pisar em solo firme para retomarmos o impulso revolucionário capaz de solapar todas as formas de exploração, dominação e opressão no capitalismo. Recorremos, assim, a alguns dos nossos melhores aliados do pensamento social brasileiro para a reorganização e a conscientização da classe trabalhadora, tão necessárias para reverter o avanço da barbárie capitalista e colocar novamente em pauta a revolução brasileira.

Gostaríamos de agradecer aos familiares de Florestan Fernandes – na pessoa de Florestan Fernandes Jr. – que, solidária e gentilmente, nos autorizaram a reedição deste livro. Agradecemos também a Heloísa Fernandes e a Vladimir Sacchetta, pelo apoio, e a Renata Moreira que prontamente aceitou a tarefa de preparar a apresentação deste volume.

Editora Expressão Popular
Diretoria da Adunirio (gestão 2017-2019)

APRESENTAÇÃO

POR QUE REEDITAR HOJE UM TEXTO DE FLORESTAN FERNANDES DE 1978 SOBRE O AUTORITARISMO?

Renata Couto Moreira

A imensa responsabilidade de contribuir com a apresentação de um livro do querido professor, político e cientista social Florestan Fernandes nos remete aos dilemas, desafios e tarefas postos aos movimentos socialistas na atualidade, assim como à necessidade de fortalecer a construção de um sujeito coletivo, e de massa, capaz de enfrentá-los. É com, e pela construção de uma consciência coletiva, não somente do *nós* homens, mas também da afirmação humana do *nós* mulheres, que nos colocamos em marcha na sistematização e elaboração necessárias à reflexão permanente sobre nossas táticas e estratégia. Neste sentido, esta apresentação se estrutura em dois temas geradores de diálogo entre 1978 e hoje, mais de 40 anos depois.

Partimos da perspectiva de que a realidade é apreendida em sua historicidade, o que nos leva a princípio a contextualizar de forma breve a época em que o livro foi escrito e o que ocorreu com as experiências concretas do capitalismo

APRESENTAÇÃO

e do socialismo desde então, das semelhanças e diferenças entre elas, assim como dos elementos estruturais e históricos específicos. Importa registrar que o livro foi escrito a partir de anotações de aulas para o curso de graduação sobre a "Teoria do Autoritarismo" do Departamento de Política da Pontifícia Universidade Católica de São Paulo (PUC-SP), no final de 1977. Em seguida, trazemos debates e categorias apresentados no texto, que procuramos colocar em diálogo com reflexões sobre a atualidade da luta de classes e a expansão, em 2018, dos golpes de Estado e governos autoritários, com elementos fascistas e ultraliberais sobre o continente latino-americano e sobre o capitalismo global, em sua crise estrutural, configurando a contrarrevolução em escala mundial.

1. Contextos históricos de 1978 e 2018, revolução e contrarrevolução quarenta anos depois

Nosso autor escreve em uma época em que as experiências socialistas do século XX, como as da Iugoslávia, China, Cuba, URSS, estavam vigentes e disputavam a hegemonia mundial com a superpotência capitalista, numa polarização entre revolução e contrarrevolução. A Guerra Fria será uma das principais expressões dessa disputa e traz à tona importantes contradições tanto para o bloco socialista quanto para o imperialismo. Com relação a este, é de se destacar, por um lado, a derrota dos EUA na Guerra do Vietnã; por outro, a bem-sucedida política de fomentar golpes civis-militares na América Latina – que se caracteriza para Florestan como contrarrevolução preventiva – no intuito de evitar o surgimento de "novas Cubas". No que toca aos países socialistas, a URSS consolida-se como grande pivô gerando dependência e conflitos entre as diferentes nações deste campo; recordemos, por exemplo, o conflito sino-soviético, a invasão da Iugoslávia pelas forças militares soviéticas etc. O debate sobre as relações autoritárias presenciadas tanto em países capitalistas quanto socialistas ganha espaço no debate político e na sociedade.

No Brasil, em 1964 se inicia uma ditadura civil-militar promovida e apoiada pelos EUA que esmaga a possibilidade de se realizar as reformas de base propostas pelo governo de João Goulart com o apoio das forças de esquerda. Consolida-se, nesse processo, segundo Florestan Fernandes, o desenvolvimento capitalista brasileiro e o seu caráter autocrático. Nosso autor, compromissado com os de baixo, assume clara postura de oposição à ditadura em sua atividade de professor de Sociologia na Universidade de São Paulo (USP). Em abril de 1969, com o recrudescimento da repressão que tem como marco o Ato Institucional n. 5 (AI-5) de dezembro de 1968, Florestan é compulsoriamente aposentado – por suas posições políticas – de suas funções docentes; diante dessa conjuntura, ele procura exílio – bastante a contragosto, pois não queria abandonar o seu país – no Canadá, onde atuará como professor da Universidade de Toronto. Segundo Heloísa Fernandes (2009), é nessa época que Florestan se dedicará ao estudo das revoluções.

Retorna ao Brasil em 1972, ainda sob a ditadura em seus tempos mais obscuros, passando por uma existência aprisionada em sua casa, que chamava de "gaiola de ouro", até 1977, quando volta a exercer atividades públicas. Nestes anos ele se aprofunda no estudo da obra do revolucionário russo V. I. Lenin, que passa a ser um dos eixos de sua produção teórica. Ainda segundo Heloísa Fernandes (2009, p. 40), "agora, so-

Apresentação

cialista e sociólogo estão definitivamente fundidos no mesmo texto e o seu projeto é 'enlaçar a Sociologia, como ciência, ao socialismo, como movimento político revolucionário' [...]"

Esta obra faz parte da construção das ideias do autor sobre as mudanças do Estado sob o capitalismo monopolista da época, tanto nos países centrais do Ocidente como nos periféricos. Articula, neste sentido, a expansão do movimento e a força da contrarrevolução em âmbito mundial, e o autoritarismo que se manifesta nas soluções dos governos capitalistas, e se confundem nas experiências socialistas, principalmente no período da crise mundial do petróleo, vivida pela sociedade moderna industrial nos anos 1970.

A confusão estabelecida, muitas vezes propositalmente, na Guerra Fria entre os regimes autoritários de transição socialista, com grande influência do regime soviético, e a intolerância dos regimes fascistas e totalitários das ditaduras latino-americanas produzia o caos terminológico propício para avançar na "caça ao comunismo" e levar a uma ausência de teoria e de perspectivas, como já alertava Florestan Fernandes.

O cerco capitalista, que foi se materializando no plano nacional e no plano mundial, vincula intrinsecamente a realidade interna à externa da Guerra Fria. A situação perpassará a vida e a obra de Fernandes, que tece sua crítica radical aos instrumentos escondidos nas entranhas da defesa da "democracia burguesa" no centro e nas periferias do sistema. Dentre eles destaquemos a capacidade de cooptação e coerção direta e indireta da classe operária pela ideologia da classe dominante. Como ressalta o autor, o reforço da ordem no capitalismo despojou o conflito social do seu sentido político, o que continua minando a defesa da revolução socialista até a atualidade. A massificação da cultura, a fragmentação e pulverização das condições objetivas de existência de uma classe revolucionária suscitadas pelo autor continuam sua trajetória acelerada de desenvolvimento no imperialismo, potencializadas ao extremo com as novas revoluções tecnológicas.

Vivenciamos, no início do século XXI, um avanço da contrarrevolução em escala mundial – expressa no retorno de ideias fascistas, na defesa aberta do totalitarismo de classe e da democracia restrita aos "mais iguais" – impondo ao polo da revolução a necessidade de resistir e de se reorganizar para a defesa e construção de um projeto de emancipação da classe trabalhadora. Este último passa pela avaliação e crítica das experiências do socialismo real, para deixar de lado a deturpação destas divulgada largamente pelos defensores da ordem.

As forças econômicas e sociais que levam a cabo essa ofensiva são parte do mesmo projeto que, à época em que foi escrito este livro, sustentou as ditaduras civis-militares na América Latina e que implementou o neoliberalismo. A presença das grandes corporações multinacionais e trustes e a hegemonia econômica, social e política sobre as nações já eram elementos ressaltados no texto de 1979, e continuam chamando a atenção de estudiosos do capitalismo contemporâneo. Além da generalização agora constituída da internacionalização dos processos de produção capitalista, o controle ideológico se consolida de forma eficaz, apoiado em uma maior flexibilidade para o aumento do despotismo burguês e sua margem de autodefesa e privilegiamento.

É ainda no contexto de crises do capital, Guerras Mundiais culminando em uma Guerra Fria, ou "paz armada", que o autor analisará o surgimento do *Welfare State* como necessidade histórica de deprimir o poder de pressão do movimento operário, por um lado, e, por outro, das pautas rebaixadas do socialismo reformista na Europa e no Japão: não se tratava de "generosidade da burguesia". O monopólio da violência institucionalizado no capitalismo, que Florestan Fernandes associa ao autoritarismo e despotismo burguês, nos dá elementos para compreender como a mobilização e participação da massa na defesa da "democracia" e do próprio "capitalismo" em si reforçou na história, e novamente no presente, o imperialismo dos Estados Unidos da América como *modelo ideal*.

Muito da realidade de então se vinculava ao avanço do imperialismo das nações desenvolvidas e hegemônicas sobre as colônias, semicolônias e nações dependentes da periferia, com o movimento das multinacionais cada vez mais internacionalizado sobre nossos territórios, o que já figurava nas reflexões do autor. São sobre estas condições nacionais e mundiais que os *Apontamentos*... pontuarão o método de leitura da realidade, assim como identificarão elementos e categorias fundamentais de análise para compreender a teoria do autoritarismo e a dinâmica do capitalismo dependente que dispomos como classe. O texto também contribui para nossa compreensão e superação das relações autoritárias e do Estado democrático/autocrático burguês, que se transmuta e se adequa à era reacionária conservadora e fundamentalista atual.

Entender como, quando e por que se realizam as transferências de valores e riqueza das periferias para o centro, e as funções e faces que o Estado capitalista assume, foram e continuam sendo questões cruciais para elaboração das estratégias contra os riscos de uma regressão colonial, ou do controle do próprio processo de revolução dentro da ordem de uma burguesia subordinada e "solidária" aos interesses imperialistas.

2. Debates e categorias em um diálogo de 40 anos

O conceito de *autoritarismo* é apresentado por Fernandes como ambíguo. Desde a simples exorbitância da autoridade, na ideia geral de autoritarismo cabe mesmo sua versão mais tirânica que desemboca no fascismo. Além disso, o autor evidencia a consolidação do poder burguês e a autodefesa de seus privilégios de classe, em que se fortalecem aspectos sociopáticos da autoridade constituída, com distintas repercussões sobre as nações centrais e periféricas do capitalismo já globalizado.

A análise desenvolvida por Florestan procura estabelecer a relação entre estrutura e história, isto é, entre a lógica e a dinâmica de desenvolvimento do fenômeno e suas manifestações históricas; nesse sentido, como expõe na primeira parte do livro, a compreensão do autoritarismo apenas como em sua face política – próprio da ciência política liberal – mostra-se falha, uma vez que não a relaciona com o próprio movimento – e necessidades – de expansão do capital e do capitalismo. Assim, ele procura demonstrar como o comportamento humano, no liberalismo e nos regimes fascistas e intolerantes do despotismo burguês, o elemento autoritário é compreendido como componente estrutural e dinâmico da preservação, fortalecimento e expansão do *"sistema democrático capitalista"* (p. 13). No processo histórico, ele analisa como a burguesia passa de classe revolucionária à classe dominante e com isso reproduz e acelera a reificação e a mistificação.

No entanto, o *Estado autocrático burguês* da periferia dependente do capitalismo terá suas especificidades no funcionamento do sistema em cada padrão de acumulação. Florestan trabalha exaustiva e profundamente este tema naquela que é sua obra-prima: *A revolução burguesa no Brasil*, de 1975. Para ele, o Estado autocrático burguês *sui generis* das economias dependentes surge da combinação específica da forma de dominação externa imposta pelos Estados capitalistas de desenvolvimento autônomo e ordem social-democrata e do despotismo burguês reacionário de uma burguesia periférica que vive na contrarrevolução e na autodefesa permanente. Estas burguesias locais, nestas condições, são convertidas em um "*elo interno da dominação imperialista externa*", interpostas entre a realização limitada da democracia burguesa de um lado e, do outro, os riscos da sublevação da ordem.

Para Florestan, o *Estado* surge como o *locus exclusivo, ou principal, de relações autoritárias,* o que leva ao centro do debate a concepção e as funções que o Estado assume em sua forma capitalista. Assim, ele aprofunda a compreensão da relação entre o Estado e os padrões de reprodução do capitalismo em geral e as mudanças na máquina estatal no capitalismo monopolista industrial de então. Apresenta-nos a necessária coexistência da dominação burguesa no poder econômico e político como forma adequada de produção e reprodução da ordem. As relações autoritárias, sugeridas pelo autor desenvolvem-se de forma generalizada, do micro ao macro na sociedade capitalista, desdobrando-se em suas instituições, estruturas, ideologias e processos sociais. A violência institucionalizada que esta rede de relações autoritárias reproduz constituem formas de autodefesa dos interesses econômicos, sociais e políticos das classes dominantes, que Florestan evidencia no momento de crise do capital.

O autor separa, portanto, o autoritarismo que surge e passa a fazer parte da "normalidade da vida burguesa", nas condições "normais da ordem", do Estado de exceção que brota do Estado democrático em toda América Latina à época, o que não é difícil de reconhecer no agora, mesmo que com novas roupagens. Com a crise, crescem as relações autoritárias, a democracia apenas para uma minoria, dos "mais iguais" como frisa Fernandes, mas também as condições de uma revolução socialista.

A partir do *conflito de classes* como linha de análise e suas múltiplas polarizações, ainda presente nas críticas e perseguições do cerco capitalista de hoje, nosso autor enfrenta o debate sobre a *ditadura do proletariado*. Como uma democracia da maioria, ou elemento proletário da democracia, a diferencia completamente do autoritarismo e do despotismo burguês. Debate necessário e ainda mais difícil de enfrentar na atualidade devido à desintegração da União Soviética e a crise das experiências de transição ao socialismo culminando com a queda do muro de Berlim em 1989, que retiraram do horizonte próximo a utopia das revoluções que ainda inflamavam o debate nos anos 1960 e 1970. Com o Consenso de Washington, não por acaso também em 1989, a era neoliberal é inaugurada com a hegemonia do capitalismo no mundo e no imaginário das classes, sejam opressoras ou oprimidas.

A relação entre o Estado capitalista e a dominação de classe em Marx é resgatada pelo autor, que mostrará um Estado liberal não como um Estado fraco, ao contrário. A transformação global do Estado se apoiará em fatores históricos considerados vitais, quais sejam: do polo prole-

APRESENTAÇÃO

tário, a Revolução Russa; do polo do capital, as revoluções tecnológicas que chegam a dimensões inimagináveis e a articulação crescentemente acelerada, e acrescentamos escancarada, dos interesses das classes dominantes e do Estado (dentro da "nação" e nas estruturas internacionais de poder). Com a crise dos anos 1970, a década perdida dos anos 1980 e a reviravolta neoliberal dos anos 1990, chegamos à nova crise internacional com epicentro no estouro da bolha dos *subprimes*, levando abaixo o sistema financeiro mundial em 2008. Enquanto o capitalismo se debate e se reinventa em sua flexibilidade de produção e circulação da riqueza, cada vez mais acumulada, aumenta na mesma dimensão a rigidez do Estado burguês em sua contrarrevolução mundial.

O Estado autocrático burguês da periferia coexiste, na análise dialética proposta, com o Estado democrático burguês do centro imperialista. A ditadura de classe aberta no contexto da contrarrevolução política, da modernização e da industrialização em curso nos anos 1970, é analisada em sua aliança entre tecnocratas, civis e militares nas funções contrarrevolucionárias. Para Fernandes (2015), a classe dominante nas economias dependentes fundamenta seu autoprivilegiamento e a autodefesa de seu poder em determinações de natureza fascista, entrelaçadas a formas de violência organizada e institucionalizada nas estruturas de poder e na maquinaria do Estado. Assim, o fascismo na América Latina atua em duas frentes concomitantes: pelo enfraquecimento da ordem política – bloqueando os avanços progressivos e a democratização como processo de mudança estrutural, interrompendo qualquer possibilidade de revolução democrática burguesa ou nacionalista – com as reformas de base – no sentido da revolução "dentro da ordem" –, e pelo uso estratégico do espaço político para ajustar o Estado e o governo a uma concepção nitidamente totalitária de poder contra todos os movimentos socialistas – buscando barrar qualquer movimento da revolução "contra a ordem". Impregna assim todas as estruturas de poder na sociedade com um alto nível de militarização e tecnocracia de forma que qualquer mudança vem no sentido de manter o *status quo*. Não importa quem ocupe o governo, desde que mantenha as massas sob controle.

Em outros textos que compõem sua obra, Fernandes (1976) salienta esse movimento histórico de polarização conservadora da consciência burguesa no Brasil que esconde, como a outra face do nacionalismo, seus interesses de dominação de classe e de solidariedade de classe com os capitalistas estrangeiros. Com isso, para ele, a revolução nacional assume limites que sejam compatíveis com a reprodução da dependência e do subdesenvolvimento, mantendo-a em um "circuito fechado", no qual cria uma superestrutura de opressão e bloqueio a qualquer mudança social relevante. Naturaliza-se a dominação burguesa como única fonte de poder legítimo e estabelece-se uma opressão sistemática e mecanismos de repressão que aparecem conciliados com os ideais de democracia. No entanto, na essência escondem a dominação organizada e institucionalizada do despotismo burguês, com uma profunda cisão entre a "sociedade civil" e a "Nação". Aquela composta por uma minoria "ativa" e "esclarecida", e esta por uma ficção em torno da concepção burguesa do que deve ser "ordem democrática". Mantém assim a renovação e o fortalecimento do poder burguês como fim em si mesmo, articulado com a extrema concentração social da riqueza, a drenagem para fora de grande parte do excedente econômico nacional e a superexploração da força de trabalho latino-americana.

A instabilidade interna do sistema reside em fissuras na própria classe dominante, assim como em pressões de baixo em permanente expansão das classes populares e do proletariado, num contexto comparado a uma guerra civil latente. Há, assim, necessidade constante de garantir a ordem e o desenvolvimento com "segurança". Para alcançá-los, estabelece uma paz armada num processo de contrarrevolução prolongada (Fernandes, 2005). Ainda neste livro, Florestan não somente escancara as entranhas das leis gerais e suas determinações na periferia do sistema capitalista como também sistematiza três faces em que pode aparecer o Estado autocrático burguês.

Sua roupagem pode se dar na forma *democrática, autoritária* e/ou *fascista*, dependendo dos conflitos de classes e eficácia dos aparatos de poder burguês e estatal (militar, policial e jurídico). As formas que assumirá o Estado burguês acompanham o próprio movimento da burguesia como classe revolucionária, consolidada e associada às corporações estrangeiras, em que se torna conservadora, até sua crise e necessidades crescentes ultrarrepressivas e de "institucionalização da opressão sistemática" contra o movimento sindical e os protestos populares. Como as reflexões do texto dialogam com nosso contexto atual. A constituição do Estado forte sintetizada no debate sobre a democracia burguesa e a democracia de participação ampliada retorna materializada nos governos autoritários conservadores e mesmo ultraliberais que se generalizam novamente no continente latino-americano.

O livro nos apresenta enfim, mas não menos importante, elementos fundantes da estrutura e dinâmica de questões fundamentais dos dilemas que vivemos como classe oprimida em constituição em si e para si. No contexto do capitalismo contemporâneo, de dominância e crise da esfera financeira e dos capitais fictícios sobre a produção real de mercadorias, retomamos questões como: qual a capacidade de resistência e flexibilidade do capitalismo? Onde residem os elementos estruturais do despotismo burguês? A exacerbação do elemento autoritário salvará o capitalismo? São temas que o autor se propõe a discutir de forma sistemática no seu tempo, contudo tão atuais e necessários ao nosso. Acrescentam contribuições valorosas na elaboração sobre nossos dilemas e desafios sob os limites da barbárie já estabelecida pela alienação profunda no capitalismo, assim como sobre a capacidade do movimento socialista, como negação do capitalismo, de ressurgir das cinzas.

Vitória, 8 de fevereiro de 2019.

FERNANDES, F. *Circuito fechado*. São Paulo: Hucitec, 1976.
_____. *A revolução burguesa no Brasil*. São Paulo: Ed. Globo, 2005.
_____. *Poder e contrapoder na América Latina*. São Paulo: Expressão Popular, 2015.
_____. *Apontamentos sobre a "teoria do autoritarismo"*. São Paulo: Expressão Popular, 2019.
FERNANDES, H. Florestan Fernandes: um sociólogo socialista. *In*: *Cadernos de estudos da ENFF: O legado de Florestan Fernandes*, Guararema, 2009.

PREFÁCIO À EDIÇÃO DE 1979

HELOÍSA RODRIGUES FERNANDES

Como escrever o prefácio ao livro do próprio pai? Impossível traduzir no papel o verdadeiro pânico que se apodera de alguém sujeito a um desafio tão íntimo, tão direto. Pai e filha são submetidos ao face a face mais aberto, mais declarado, mais sem subterfúgios: quem eu sou, quem é você, na raiz. Um confronto, um ajuste, um choque de duas pessoas que, no final, não são dois outros, mas produtos um do outro. Quem é você já está indicado pelo fato de você não ter pedido, mas exigido, que eu fizesse este prefácio. Quem sou eu também é sugerido neste entreato: a filha que entra em pânico com o confronto mas que, de qualquer modo, o aceita, ainda que como desafio. Um desafio pessoal? Aceitei, portanto, o confronto. Li e reli seu trabalho atentamente, pacientemente, criticamente. Li, reli, refiz a leitura. E posso afiançar que este livro é imprefaciável. Um prefácio, garante o dicionário, significa aquilo que se diz no princípio. Trata-se, portanto, de uma advertência, de um

Prefácio à edição de 1979

prólogo. Logo, quem escreve o prefácio demonstra dominar, em algum nível, o próprio livro ou seu autor.

Quanto ao autor, é desnecessário repisar aqui aquilo que todos admitem, inclusive seus oponentes: você é um intelectual insubmisso, inquieto, indomável. Uma inteligência que não se domestica, não se submete frente ao adversário: aos que dominam, oprimem, reprimem. Entretanto, submete-se à disciplina férrea e estafante do trabalho intelectual. Horas e horas de uma vida quase integralmente consumida nas bibliotecas, nas pesquisas, na produção de livros, nas salas de aula, nas conferências e na prática política. Em resumo, uma inteligência que não se submete à dominação porque firmou um compromisso com o socialismo e a tarefa histórica da Revolução.

Quanto ao livro, traduz quem o produz. A história da dominação burguesa se nos apresenta como ela é: selvagem, dura, estrutural, mas, por isso mesmo, histórica, grávida de contradições que se afirmam como potencialidades, brechas; rupturas que seu trabalho não só alude mas aponta e denuncia. Uma realidade histórica impossível de ser dominada por uma pessoa, mas apenas pela prática revolucionária de uma classe. É a partir dela, sobre ela e para ela que este livro é escrito. Entretanto, esta classe não escreve prefácios. Age, elabora, recria na história da sua própria luta. Neste processo ela incorpora um trabalho intelectual como o seu da forma que lhe é específica: ela se apropria da teoria como sua arma da e para a prática. Não escreve prefácios, mas faz a História. É nesta História que, no ajuste de contas, será escrito, como realização, o "prefácio" deste seu livro.

Entretanto, se tanto o produtor como seu produto são indomáveis e não se prestam ao artifício de um prefácio que os contenha nas linhas de um resumo, é porque possuem "linhas de força", no sentido mais vital e histórico do termo. Se a inteligência não se submete é porque luta contra e se afirma no seu próprio campo. Esta luta se traduz em linhas de força do próprio trabalho.

Primeira insubmissão. Esta pode ser salientada no processo mais formal que dá origem à produção deste livro: trata-se de anotações de aulas para um curso de graduação para alunos do Departamento de Política da Pontifícia Universidade Católica (PUC) de São Paulo. Portanto, é o resultado de um trabalho pedagógico específico: são aulas que têm por finalidade a formação de um determinado público universitário. Entretanto, isto não significa que os temas sejam tratados superficialmente. Ao contrário, se transforma esta limitação na primeira força vital do trabalho: os temas são demarcados e examinados em extensão e profundidade sem qualquer complacência ou pseudopaternalismo – é impossível sequer realizar um levantamento bibliográfico integral dos autores utilizados ao longo deste curso. Do prisma da qualidade não se faz nenhuma concessão ao público: este é submetido a um trabalho pedagógico sério, profundo, extenso e, por isso mesmo, estafante. Entretanto – daí nova linha de força – o respeito ao público se traduz na forma da exposição: a clareza constitui o princípio pedagógico a partir do qual ideias e conceitos se ligam dialeticamente na delimitação da problemática do curso. Princípio que traduz a sua concepção do trabalho pedagógico: educar é elevar, construtivamente e criticamente. A clareza é um instrumento deste trabalho.

Segunda insubmissão. Esta ocorre quando é subvertido o tema do próprio curso. Esta subversão ocorre em dois momentos. No primeiro momento, com a justificativa de não ser um cientista político, quando, na verdade, subjacente a esta afirmação está uma questão de método: aceitar as "formações acadêmicas específicas" significava, no fundo, validar uma postura que conduz à pulverização do processo do real em "níveis" compartimentalizados, estanques e, por isso mesmo, estéreis à prática política. Subjacente à justificativa está, de fato, uma postura por meio da qual se preserva a essência deste processo: sua unicidade, apreendida, entretanto, nas múltiplas e mutuamente contraditórias formas de sua manifestação. Em síntese, novamente se transforma uma aparente limitação pessoal em nova linha de força: a realidade é apreendida na sua historicidade mesma. Afirma-se, portanto, como trabalho que reivindica e afirma seu lugar no campo do materialismo histórico.

No segundo momento, quando subverte a problemática do próprio curso. Aqui, de fato, a crítica não é sub-reptícia mas direta e radical. O trabalho se inicia pela crítica contundente e definitiva não só à própria teoria que empresta realidade ao conceito e ao tema, como denuncia as forças sociais subjacentes a esta teoria; forças através das quais

> a 'defesa da ordem' se instaura no horizonte intelectual do analista político. [...] Portanto, a ciência política fecha-se dentro do universo burguês, e introduz o elemento autoritário na substância mesma do 'raciocínio científico'. Ou tal defesa da ordem não se funda na ideia de que a autoridade da 'ciência' confere um caráter racional, definitivo e eterno ao modelo de democracia que resultou do capitalismo? (Ver adiante, a p. 49)

Ou seja, denuncia a problemática do adversário que elabora e justifica o conceito mesmo de "autoritarismo", conceito que permanece comprometido com a crítica liberal burguesa e cujo verdadeiro oponente não é, de fato, a ditadura fascista mas a revolução proletária e a democracia popular. Novamente, portanto, aquilo que indicava uma limitação do trabalho – submetido às exigências impostas por um tema produzido pela problemática do adversário – se transforma em linha de força.

Por meio da crítica do conceito, se recusa a problemática do oponente e, no mesmo processo, se afirma a essência e os limites da própria:

> A partir do elemento burguês da democracia tem-se feito a defesa militante do liberalismo ou da democracia parlamentar. É igualmente legítimo fazer o inverso: a partir do elemento proletário da democracia, fazer-se a defesa do socialismo e da revolução social. [...] A equação que foi posta em relevo: estrutura e história. O que permite ao sociólogo combinar a investigação rigorosa e a responsabilidade intelectual [...]. O que isso tem a ver com o presente curso? Tudo! Primeiro, não vemos o poder como uma realidade transcendental e em termos formais-dedutivos. Mas como uma realidade histórica. Segundo, porque não nos separamos do processo histórico-social descrito. [...] Essa perspectiva é que permite encarar o capitalismo recente em termos de forças sociais que 'enfrentam o desmoronamento', com vistas a consolidar a defesa da ordem existente e a sua reprodução; e as forças sociais alternativas, que 'aprofundam o desmoronamento', procurando criar dentro das condições existentes não só uma 'mudança da ordem' mas, também, a transição social para uma ordem social diferente. (Ver adiante a p. 55)

Delimita-se, assim, a problemática central deste trabalho: as formas de realização e reprodução da dominação burguesa e as formas de luta e transformação do proletariado. Estrutura e história apreendidas por e por meio das forças sociais em luta. Estrutura e história da dominação burguesa – apreendida no próprio processo de realização intensiva e extensiva do modo de produção capitalista. História das lutas das classes dominadas e estrutura de uma nova história: do movimento socialista e da revolução proletária (na Rússia, China, Iugoslávia, Cuba, Vietnã...). Problemática cuja análise é balizada pela perspectiva que centra a ótica do curso: a luta de classes, o cerco capitalista e os problemas inerentes à realização do próprio "socialismo de acumulação". História da nossa época, da nossa civilização, da nossa conjuntura. História que não admite "prefácios", mas exige respostas teóricas e decisões práticas. Eis o cerne deste trabalho.

Entretanto, as insubmissões afirmam-se dentro de limites claramente demarcados pela responsabilidade intelectual. A análise que reconstrói o processo do real objetiva à prática, mas à prática sem idealismos e sem dogmatismos. Insubmissão responsável e científica porque não menospreza a envergadura da tarefa a realizar nos dois campos.

De um lado, porque, sob o campo da dominação burguesa a

> questão do 'tigre de papel' precisa ser evocada. Os que subestimam a flexibilidade do capitalismo na era do imperialismo e a capacidade de decisão de uma burguesia ameaçada devem rever o diagnóstico [...] para interpretar melhor o presente e não 'simplificar a história'. O cerco capitalista é uma realidade externa e interna ao funcionamento do capitalismo no plano nacional e no plano mundial. Temos de compreender isso para entender melhor o fluxo da história e as alternativas da contrarrevolução e da revolução. (Ver adiante a p. 57-58)

E, de outro lado, porque, sob o campo socialista, a "principal consequência econômica do 'socialismo em um só país' aparece na prioridade do desenvolvimento econômico sobre a própria revolução socialista" (ver adiante a p. 156). Não obstante, mais "do que um socialismo democrático, o que se espera da Rússia neste último quartel do século XX é uma demonstração da viabilidade do próprio comunismo" (ver adiante a p. 165).

Conhecer e ousar, estrutura e história, teoria e prática, ideais com realismo, este o campo de forças a partir do qual se irradia a problemática deste trabalho.

Propositadamente, adiei para o final uma última *insubmissão*. Insubmissão que constitui sua força pessoal: obstinada, inflexível, inquebrantável. Insubmissão daquele que se recusa ao silêncio e afirma sua presença a qualquer custo: por todos os poros e por todas as brechas.

Este trabalho, já foi dito, é o resultado de um curso realizado na PUC. E não na Universidade de São Paulo. Não na USP à qual você dedicou metade de sua vida. Com a qual Myriam, Noêmia, Beatriz, Sílvia e eu, e, um pouco menos, o Júnior e a Lúcia repartimos 25 anos da sua existência. E que rival! Quanto amor e dedicação você lhe deu! Quantas milhares de horas de estudo, de pesquisa, de aulas, de trabalho duro!

Até que, em 1969, você foi premiado por sua dedicação: aposentadoria compulsória. Sei quanto isto foi duro. Mas você ultrapassou tudo isso. Você que saíra grande da universidade agigantou-se ainda mais. Sua obra posterior foi crescendo, foram se quebrando as amarras da academia. O espaço do socialista da apresentação e do cientista do texto se adensou. Hoje socialista e cientista estão fundidos num mesmo texto. As rachaduras que lhe afligiam foram sendo preenchidas. Você se superou. Você não está vivo só para a universidade, mas para a sociedade, para a revolução social.

E é por isso que disse que seu livro é imprefaciável. Porque ele é um desafio. Não só a mim que tive essa incumbência, mas a toda a minha "geração". É a ela que transfiro esse desafio: de um trabalho cientificamente coerente, e social e politicamente consequente. Que não é só um problema de integridade mas de coragem intelectual. É muito fácil nadar com as ondas a favor, mas é preciso extrema tenacidade e resistência para nadar contra elas. E você conseguiu.

EXPLICAÇÃO

Este opúsculo contém as anotações de um curso sobre a "Teoria do Autoritarismo", que dei em parte do último trimestre de 1977 para os alunos do terceiro ano de graduação do Departamento de Política da Pontifícia Universidade Católica de São Paulo. O convite nasceu de uma iniciativa do professor Miguel Wadih Chaia e se concretizou graças ao empenho dos professores Maria Tereza Aina Sadek e Paulo Edgar Rezende. A esses professores, e aos estudantes que os apoiaram decididamente, devo essa oportunidade de desobediência civil na "esfera acadêmica". Outrossim, sou imensamente grato aos colegas do Departamento de Política da PUC, que me receberam com um calor humano e uma camaradagem intelectual que me pareciam extintos em nosso ambiente universitário.

Na verdade, não sou *cientista político* nem tenho credenciais para corresponder criadoramente a um curso sobre matéria tão complexa. Não obstante, aceitei o convite e

organizei o programa de modo a enfrentar as tarefas didáticas decorrentes como me seria possível fazê-lo. Eis aqui o projeto original do curso:
1. Existe uma "teoria do autoritarismo"?
1.1 – Parte conceitual e crítica.
1.2 – O ponto de vista sociológico no estudo do problema.
2. O Estado sob o capitalismo recente.
2.1 – Classe e conflito de classes sob o capitalismo monopolista.
2.2 – O Estado capitalista da era atual.
2.3 – A contrarrevolução em escala mundial.
3. O Estado na "transição para o socialismo".[1]
3.1 – Autoritarismo e socialismo.
3.2 – O cerco capitalista.
3.3 – As revoluções socialistas do século XX: os dilemas do "socialismo de acumulação".
3.4 – O Estado do período de transição e suas funções.

É claro que os apontamentos apenas serviram como pontos de partida e de referência das preleções. O "trabalho realizado", abalanço-me a afirmá-lo, foi mais longe e era mais extenso. O que fica, para os leitores, é o travejamento, o "essencial", aquilo que guiou o meu pensamento e o diálogo com os estudantes.

---

[1] As ocorrências que afetaram a PUC e o feriado de 15 de novembro tornaram impossível desenvolver o programa. A última questão foi absorvida pela penúltima, o que tornou o terceiro tema mais inclusivo e forçou uma elaboração mais ampla do segundo. No essencial, apesar dessas modificações e do congestionamento didático resultante dos temas 2 e 3, toda a matéria foi exposta. Cada unidade didática abrangia, em média, três horas de trabalho (duas horas, mais ou menos, de exposição; e uma de debate).

Por que publicar tais apontamentos? Porque eles dão testemunho de *nossa produção*.[2] Fomos excluídos da universidade e despojados de nosso meio de trabalho – mas não paramos nem desertamos. Muito ao contrário! E se não faço mais, elaborando os apontamentos, é porque acredito que eles contêm, como estão, a contribuição que posso dar. Expostos à impotência que manietou a sociedade brasileira, dos estudantes e professores aos operários e destituídos, tentamos mostrar que uma pedagogia de contestação se recusa ao silêncio. Fui avante, pois, na tentativa de combinar sociologia e socialismo e de aceitar os riscos intelectuais da publicação deste opúsculo – não para *dar um exemplo,* mas para pôr em prática uma profissão de fé e de luta. Nem a sociologia nem os sociólogos foram esterilizados. A contrarrevolução tem ganho muitas batalhas. Porém, o povo brasileiro é o nosso parâmetro: com ele e através dele venceremos a contrarrevolução.

São Paulo, 18 de janeiro de 1978.

Florestan Fernandes

---

[2] Quando passo do singular para o plural é preciso que se entenda: tenho em mente outros colegas e companheiros que se defrontam com a mesma situação e de acordo com identificações ou responsabilidades análogas.

TEORIA DO AUTORITARISMO

EXISTE UMA TEORIA DO AUTORITARISMO?

Duas aulas:
1. Parte conceitual e crítica.
2. O ponto de vista sociológico no estudo do problema.

1. Parte conceitual e crítica

★ O conceito de *autoritarismo* é um conceito logicamente ambíguo e plurívoco (Max Weber o chamaria de "amorfo"). O que ele tem de pior é uma espécie de perversão lógica, pois está vinculado ao ataque liberal aos "abusos de poder" do Estado e à crítica neokantiana da "exorbitância da autoridade". O melhor exemplo das duas polarizações é o célebre livro de E. Cassirer.[1] Esse livro desvenda a natureza e os limites da *crítica liberal:* não se busca o desmascaramento do Estado burguês, mas a denúncia de sua versão tirânica mais completa. Mesmo ao propor-se uma tarefa tão complexa e árdua como vem a ser a descrição e a análise das origens e das manipulações políticas do "mito do Estado" – e ao

---

[1] *The myth of the State* [O mito do Estado], Londres, Oxford University Press, 1946.

confrontar-se com o nazismo – Cassirer mantém-se preso à ideia de que é preciso conhecer o adversário para combatê-lo! No aparecimento das ciências sociais o termo acabou sendo corrente na psicologia, na sociologia e nos tratadistas do direito, sempre numa dessas duas linhas de compreensão do que se poderia chamar de "aspectos sociopáticos" da *autoridade constituída* e da "irracionalidade do comportamento humano" na *época do liberalismo*. A liberdade era negada no plano das relações do indivíduo com o Estado ou desaparecia nas "relações de conformismo" do indivíduo com a sociedade (o que pressupunha que em todos os grupos e instituições os requisitos sociais da liberdade da pessoa eram mais ou menos deturpados e solapados por uma ordem social competitiva que não impunha seus valores axiomáticos – fundamentos axiológicos dela própria, acima de interesses, impulsos ou da violência pura e simples). Daí o fato corriqueiro para os autores alemães: o *Rechtsstaat* [Estado de direito] não garantia os "direitos do cidadão"; ou, por sua vez, a família, a empresa, a escola ou a igreja operavam normalmente como um foco de repressão institucionalizada contra os requisitos "racionais" e "normais" de uma sociedade competitiva e individualista, fundada no contrato e na *liberdade fundamental* do indivíduo. Tudo isso aparece nos vários campos das ciências sociais, embora tenha sido a psicologia a disciplina na qual o tema encontrou um desenvolvimento empírico e teórico mais sistemático (não só por causa da psicanálise, mas principalmente por sua causa).

De início, houve uma tentativa de delimitar a esfera da autoridade com referência às manifestações do poder em geral. Max Weber encarna de modo preciso essa tentativa: ele define como *poder* "a probabilidade de impor a própria vontade, dentro de uma relação social, mesmo contra toda resistência e qualquer que seja o fundamento dessa probabilidade" e como *dominação* "a probabilidade de encontrar obediência a um mandato determinado contido entre pessoas dadas".[2] Por aí ele contrapõe *autoridade e poder,* pois inclui a autoridade entre as relações de dominação. Como diz: [A dominação] "Não é, portanto, toda espécie de probabilidade de exercer 'poder' ou 'influência' sobre os outros homens".

"No caso concreto, esta dominação ('autoridade'), no sentido indicado, pode descansar nos mais diversos motivos de submissão: desde o hábito inconsciente até o que são considerações puramente racionais com relação a fins. Um determinado mínimo de volume de obediência, ou seja de interesse (externo ou interno) em obedecer, é essencial em toda relação autêntica de autoridade"[3] [Cai dentro dessa categoria o comportamento de militares que procurem, por exemplo, monopolizar a autoridade mas não o poder.][4]

No entanto, aquilo que se poderia chamar de *escapismo* e o que parece ser uma formidável "perplexidade ideológica" levou os chamados cientistas políticos, em particular, e os cientistas sociais, em geral, a um uso abusivo do conceito de autoritário e autoritarismo (as derivações mais empregadas do conceito de autoridade). Na verdade, ambas as tendências são intrínsecas à crise da sociedade burguesa na era do ca-

---

[2] *Economía y Sociedad* [Economia e sociedade], vol. I, Teoría de la Organización Social, Trad. de J. Medina Echavarría, México, Fondo de Cultura Económica, 1944, p. 53.
[3] *Idem*, p. 221.
[4] Leia-se a respeito "Notas sobre a teoria da ditadura", de F. Neumann, ensaio publicado em *Estado democrático e Estado autoritário*, organização e prefácio de Herbert Marcuse, tradução de L. Corção, Rio de Janeiro, Zahar Editores, 1969, cap. 9.

pitalismo monopolista e de transição para o socialismo. De um lado, muitas manipulações repressivas da "autoridade" (aparentemente "legítimas" ou claramente "ilegítimas") passaram a ser dissimuladas, atenuadas ou ocultas através de operações semânticas. O melhor exemplo: Carl J. Friedrich e Zbigniew K. Brzezinskí[5] (consideram ditaduras como as de Franco e Salazar "ditaduras técnicas" e instrumentais para a defesa da democracia). De outro, se apareceram tendências de autodefesa da ordem e da liberdade que "condenaram o fascismo" (por exemplo, o estudo do "fascismo potencial"),[6] o fim da década de 1940 (o após Segunda Guerra Mundial) e todo o *período quente* da guerra fria gerou um clima de intolerância para com o solapamento interno da "democracia". Firmou-se, assim, uma tentativa de confundir os regimes de transição socialista com o fascismo; e uma tendência generalizada de estabelecer confusões sistemáticas, pelas quais: a) "regime autoritário" seria equivalente de "democracia forte",[7] e o "regime soviético" (e todas as variantes) podiam ser postos no mesmo saco do totalitarismo (como fazem os dois autores acima citados; e repetem vários outros cientistas políticos, que se identificam com o papel de "paladinos da liberdade" e advogados do liberalismo ou do "pluralismo").

---

[5] *Totalitarian Dictatorship and Totalitarianism* [Ditadura totalitária e totalitarismo], Cambridge, Mass., Harvard University Press, 2 ed., 1965, cf. esp. p. 8-9.
[6] T. W. Adorno, E. Frenkel-Brunswick, D. J. Levinson e R. N. Sanford, *The Authoritarian Personality* [A personalidade autoritária], New York, Harper & Brothers, 1950, sob influência de concepções de Max Horkheimer.
[7] O melhor exemplo: J. Linz, "The case of Spain", *in* R. Dahl, org., *Regimes and oppositions* [Regimes e oposições], Yale University Press, New Haven, 1974.

O que isso pressupõe, em termos de "caos terminológico" e de ausência de teoria (ou, apenas, de "teorita"),[8] nem precisa ser ressaltado. Tanto autoritarismo pode designar uma "variação normal" (no sentido de ditadura técnica, *em defesa da democracia*), quanto pode se confundir com uma compulsão ou disposição "universal" de exacerbação da autoridade (de uma pessoa ou de um grupo; dentro da democracia ou fora dela). O que permite aplicar o termo autoritarismo em conexão com qualquer regime, *em substituição ao conceito mais preciso de ditadura*[9] como sinônimo de totalitarismo ou como qualificação para variações de regimes totalitários. Só para que tenham uma ideia desse caos terminológico: exemplo de uma classificação de tipos de sistemas políticos:[10]

Sistemas Modernos (infraestruturas políticas diferenciadas):
A) Cidades-Estado Secularizadas
Diferenciação Limitada (Atenas)
B) Sistemas Modernos Mobilizados
Alta diferenciação e secularização
1. Sistemas democráticos
Independência de subsistemas e cultura participante

---

[8] No sentido de R. B. Braithwaite, "Models in Empirical Science", *in* E. Nagel, P. Suppes e A. Tarski, *Logic, methodology and philosophy of science* [Lógica, metodologia e filosofia da ciência], p. 224-225
[9] Ver esp. "Notas sobre a teoria da ditadura", F. Neumann, *Estado democrático e Estado autoritário*, cap. 9.
[10] G. A. Almond e C. Bingham Powell Jr., *Uma teoria de política comparada*, trad. de M. de Almeida Filho e revisão técnica de E. de Lima Figueiredo, Rio de Janeiro, Zahar Editores, 1972, cap. 10.

      a) Elevada independência de subsistemas (Grã--Bretanha)
      b) Limitada independência de subsistemas (IV República Francesa)
      c) Baixa independência de subsistemas (México)
2. Sistemas Autoritários
    Controle de subsistemas e cultura súdito-participante
      a) Totalitário radical (U.R.S.S.)
      b) Totalitário conservador (Alemanha nazista)
      c) Autoritário conservador (Espanha)
      d) Autoritário modernizante (Brasil)
3. Sistemas modernos pré-mobilizados
    Diferenciação e secularização limitadas
      a) Autoritário pré-mobilizado (Gana até fevereiro de 1966)
      b) Democrático pré-mobilizado

★★ Podemos passar, agora, para as inconsistências de uma tipologia dicotômica, qualquer que seja o seu fundamento. É velha, na análise política, o estudo das variações sociopáticas. Já Aristóteles afirmava

> Os governos viciados são: a tirania para a realeza, a oligarquia para a aristocracia, a demagogia para a república. A tirania é uma monarquia que não tem outro objeto além do interesse do monarca; a oligarquia só enxerga o interesse dos ricos; a demagogia só enxerga o dos pobres. Nenhum desses governos se ocupa do interesse *geral*.[11]

As inconsistências de uma tipologia dicotômica, baseada na oposição do polo democracia (liberal) x democracia

---
[11] *A política*, trad. de M. Silveira Chaves, São Paulo; Edições Cultura Brasileira, s.d., p. 118.

(autoritária) [ou em qualquer variação semântica como democracia *x* totalitarismo], são várias. Todavia, o essencial aparece em dois pontos. Primeiro, a democracia típica da sociedade capitalista é uma *democracia burguesa,* ou seja, uma democracia na qual a representação se faz tendo como base o regime eleitoral, os partidos, o parlamentarismo é o Estado constitucional. A ela é inerente forte desigualdade econômica, social e cultural com uma alta monopolização do poder pelas classes possuidoras-dominantes e por suas elites. A liberdade e a igualdade são meramente formais, o que exige, *na teoria e na prática,* que o elemento autoritário seja intrinsecamente um componente estrutural e dinâmico da preservação, do fortalecimento e da expansão do "sistema democrático capitalista". Segundo, a ótica capitalista circunscreve o horizonte intelectual do analista político (seja ele um "homem de ação", um filósofo, um sociólogo, um jurista ou um cientista político), o que se pode comprovar facilmente pelo que já vimos, a respeito de conceituações e análises de autores como Friedrich e Almond. Isso significa uma identificação insanável entre "consciência social" e ideologia. Essa identificação não foi um obstáculo nas fases históricas em que as classes possuidoras, dentro do capitalismo, foram classes revolucionárias (na destruição do *antigo regime* e na consolidação da ordem social competitiva). Assim que esse limite é ultrapassado, porém, o direito racional ou positivo deixa de ser um "direito revolucionário" e a ótica *liberal* torna-se prisioneira de uma ideologia conservadora, primeiro, e de uma ideologia reacionária, em seguida. O que quer dizer que, à medida que as classes possuidoras perdem suas tendências e disposições revolucionárias, o componente e as tendências autoritárias crescem não aritmeticamente, mas dialeticamente (em proporções geométricas). Com isso, não estamos, apenas, diante de uma fatalidade descrita precisamente por Marcuse:

> A burguesia como classe dominante não podia ter interesse algum pela teoria à qual se ligou como classe em ascensão e que se encontrava em contradição gritante com o presente. É assim que a teoria verdadeiramente burguesa da sociedade só existe antes do domínio real da burguesia, e que a teoria da burguesia dominante não é mais uma teoria burguesa.[12]

Estamos diante de uma impossibilidade de análise científica verdadeiramente objetiva. O analista apenas percebe uma parte da realidade; o que entra em contradição com a ideologia dominante é percebido confusamente ou não chega a ser explicado racionalmente. A "reificação", a "mistificação" e "fetichismo" limitam ou eliminam o ponto de vista científico na análise política. De um lado, porque o analista não expurga a carga ideológica de sua perspectiva de interpretação. De outro porque, mesmo que ele quisesse fazê-lo, ao se identificar com a "democracia liberal" ele fica prisioneiro das limitações insanáveis da *consciência burguesa*. Como diz Lukács,

> a barreira que faz da consciência de classe da burguesia uma consciência 'falsa' é pois objetiva; é a própria situação de classe. Trata-se de uma consequência objetiva da estrutura econômica da sociedade e não de algo arbitrário, de subjetivo

---

[12] *Ideias sobre uma teoria crítica da sociedade*, Rio de Janeiro, Zahar, Editores, 1972, p. 147; no sentido, é claro, de que a burguesia deixa de ser uma "classe revolucionária" e passa a ser uma "classe dominante": cf. esp. K. Marx e F. Engels, *The german ideology* [*A ideologia alemã*], trad. de S. Ryazanskaya, Moscou, Progress Publishers, 1964, p. 62. [Há edição recente em português: *A ideologia alemã*. São Paulo: Expressão Popular, 2009]. Adiante, teremos de voltar a esse importante assunto e de retificar a afirmação de Marcuse. A teoria continua burguesa, tão somente deixa de ser revolucionária.

ou psicológico. Pois a consciência de classe da burguesia, se pode refletir do modo mais claro todos os problemas de organização dessa dominação, da revolução capitalista, e de sua penetração no conjunto da produção, deve necessariamente se obscurecer desde o instante em que surjam problemas cuja solução remetam além do capitalismo, mesmo dentro da experiência burguesa.[13]

Em consequência, a "defesa da ordem" se instaura no horizonte intelectual do analista político. Primeiro, ele tende a privilegiar uma concepção minoritária e elitista do regime democrático. É possível ver como isso ocorre com um formalismo irretorquível por meio de Harold D. Lasswell e Abraham Kaplan, *Power and Society, A Framework for Political Inquiry* [Poder e sociedade. Um modelo de trabalho para a pesquisa política].[14] Não se trata apenas de privilegiar a "lei de ferro" dos pequenos números, como fizeram M. Weber, Michels e Pareto. Vai-se mais longe. A "sociedade democrática" é a sociedade perfeita. Como dizem, em um conciso parágrafo:

> A democracia é portanto definida aqui através de três características do processo de poder: 1. o poder é exercido com o máximo de autorresponsabilidade. A democracia é incompatível com qualquer forma de autoritarismo, independentemente dos benefícios resultantes de tal concentração de responsabilidade; 2. o processo de poder não é absoluto e autodelimitado: as decisões são condicionais e sujeitas ao desafio. A democracia é incompatível com o exercício arbitrário e incontrolável do poder, independentemente das maiorias pelas quais ele é exercido; 3. os benefícios do processo de poder são distribuídos através de todo o corpo político. A democracia é incompatível com a existência de castas privi-

---

[13] *Histoire et conscience de classe* [História e consciência de classe], trad. de K. Axelos e J. Bois; Paris, Les Editions Minuit,1960, p. 76-77.
[14] New Haven, Yale University Press, 1950.

legiadas, independentemente das expectativas relacionadas ao 'interesse comum' pressuposto. (p. 234)

Trata-se de uma definição formal "perfeita" e, ao mesmo tempo, exemplar e apologética. Onde existe esse objeto "*ideal*"? Ele já existiu ou poderá existir na sociedade capitalista? Por isso, a contaminação ideológica desemboca na "ciência política" como *linguagem perfeita*, como ciência construtiva formal (sistemática, sob a influência de Parsons; ou sistêmica sob a influência de modelos cibernéticos, como em David Easton;[15] e mesmo quando ela se pretende "comparada", como em Almond, ela se mantém formal, abstrata e construtiva, operando não com tipos ideais construídos por meio da adequação empírica e causal, explorada por Weber, mas graças a uma arbitrária manipulação de categorias abstratas, gerais e supostamente "históricas"). Em segundo lugar, ela faz não só a crítica como o repúdio da "democracia popular". A massa neutraliza a ação criadora das elites;[16] põe o estômago em primeiro plano (como afirma Rickert) e desloca a razão, destruindo-a. Por isso, a inovação de Max Weber não suscita apenas o reconhecimento de como opera a lei dos pequenos números, em vantagem dos mais iguais dentro da democracia (liberal ou parlamentar). Ela leva também a uma inexorável filosofia da história, à qual corresponde uma política ao nível prático. Trata-se de condenar a *democracia popular*, de demonstrar que ela é intrinsecamente

---

[15] *Uma teoria da análise política*, trad. de G. Velho, Rio de Janeiro, Zahar Editores, 1968.
[16] Cf. J. Ortega y Gasset, *La rebelión de las masas* [A rebelião das massas], Buenos Aires/México, Espasa/Calpe Argentina, 5 ed., 1942.

aberrante, e corrompida.[17] Portanto, a *ciência política* fecha-se dentro do universo burguês e introduz o elemento autoritário na substância mesma do "raciocínio científico". Ou tal defesa da ordem não se funda na ideia de que a autoridade da "ciência" confere um caráter *racional, definitivo e eterno* ao modelo de democracia que resultou do capitalismo?

2. O ponto de vista sociológico no estudo do problema

A exposição anterior não nos levou a uma conceituação de autoritarismo. Apesar de nossa posição pessoal, temos de superar essa lacuna e, em particular, de pôr em relevo como pensamos discutir os problemas que serão vistos sob a rubrica de *autoritarismo*. Por isso, esta exposição vai cobrir duas funções. Primeiro, esboçar um "conceito aproximado" das relações de autoridade, que permita isolar certas formas de imposição da obediência que se vinculem, objetiva e/ou subjetivamente, a "abusos ou exacerbação da autoridade" (o que envolve uma aceitação implícita da legitimidade da imposição da obediência dentro de certos marcos externos e internos das relações de dominação); segundo, indicar como tais relações de dominação serão descritas e interpretadas sociologicamente (ao nível da sociologia diferencial ou histórica). É preciso ressaltar, porém: 1. quanto ao primeiro ponto, que a aceitação de um critério objetivo de caracterização da legitimidade de uma forma de dominação não exclui que ela apareça, ao grupo heteronômico (e portanto dominado), como ilegítima (o que por

---

[17] Veja-se P. Q. Hirst, *Evolução social e categorias sociológicas,* cap. 7, "Crítica à democracia popular", trad. de S. B. Sales Gomes, revisão técnica de M. B. de Mello Leite Antunes, Rio de Janeiro, Zahar Editores, 1977.

vezes fundamente manifestações de inconformismo coletivo, de alcance "reformista" e mesmo "revolucionário") [ou seja, considerando-se a legitimidade no marco de referência de uma ordem social dada]; 2. quanto ao segundo ponto, que iremos nos concentrar no *aqui* e no *agora,* focalizando nossa atenção nas *relações autoritárias* que são típicas do capitalismo recente e da transição para o socialismo (o que nos afasta de temas como "o autoritarismo nas sociedades estratificadas": ou "o autoritarismo na emergência e na consolidação da sociedade de classes", pois esta formação social é tomada em um ponto avançado de seu desenvolvimento e na "época de crise", em sentido hegeliano) [ou seja, considerando-se a dominação burguesa em suas conexões diretas com a reprodução da ordem social existente e com a sua desagregação].

★ Um conceito *provisório* e *didático* de relações autoritárias e de autoritarismo: o cientista político tende a considerar o Estado como o *locus* exclusivo ou principal da relação autoritária. No entanto, há o poder especificamente político e o poder indiretamente político. Além disso, o Estado não é uma entidade autônoma, isolada da sociedade e que se explique por si mesma. Seria o caso de lembrar Engels:

> O Estado não é pois um poder imposto de fora da sociedade; ele não é também 'a realidade da ideia moral', 'a imagem e a realidade da razão', como pretendia Hegel. Ele é antes um produto da sociedade em um estado determinado de seu desenvolvimento; ele é uma confissão de que esta sociedade está tolhida por uma contradição insolúvel com ela própria, cindindo-se em oposições inconciliáveis que ela é impotente para conjurar. Mas para que os antagonistas, as classes com interesses econômicos opostos, não se destruam, a si e à sociedade, através de uma luta estéril, impõe-se a necessidade de um poder que, colocado em aparência acima da sociedade, deve dissipar o conflito, mantendo-o nos limites da 'ordem';

e esse poder, nascido da sociedade, mas que se coloca acima dela e se lhe torna cada vez mais estranho, é o Estado.[18]

Essas duas razões forçam-nos a ir do indiretamente político ao especificamente político; e a determinar como a sociedade de classes é irrigada por relações autoritárias, em todos os seus níveis de organização, funcionamento e transformação. O capitalismo industrial não engendra sozinho essa realidade. Mas, ele responde pelos dois extremos de concentração do poder – do poder econômico ao nível da produção e da fábrica, e do poder político ao nível da dominação burguesa e da máquina estatal. De um lado, temos que considerar as implicações estruturais e dinâmicas da mais-valia relativa que impõe formas próprias de despotismo burguês no âmago do conflito básico, vinculado à propriedade privada dos meios de produção e à expropriação do trabalhador [explicar]. De outro, temos de considerar as implicações estruturais e dinâmicas de uma ordem social que se funda na desigualdade econômica, social e política engendrada por essa forma de produção (e de reprodução da ordem), a qual vincula o despotismo burguês ao Estado nacional e à democracia representativa [explicar]. Do *micro ao macro,* a sociedade capitalista contém toda uma rede relações autoritárias, normalmente incorporadas às instituições, estruturas, ideologias e processos sociais, e potencialmente aptas a *oscilar* em função de alterações de contexto (ou, mesmo, de conjunturas adversas), tendendo a exacerbar-se como uma forma

---

[18] F. Engels, *L'origine de la famille, de la propriété privée et de l'Etat* [A origem da família, da propriedade privada e do Estado], trad. de J. Stern, Paris, Editions Sociales, 1954, p. 155-156. [Há edição recente em português: *A origem da família, da propriedade privada e do Estado.* São Paulo: Expressão Popular, 2010.]

de autodefesa dos interesses econômicos, sociais e políticos das classes possuidoras e dominantes (ao nível institucional ou ao nível global). O que Horkheimer, Adorno e outros fizeram com relação ao nazismo – o que é a potencialidade fascista – poder-se-ia fazer em um plano mais geral: como as potencialidades autoritárias, intrínsecas ao capitalismo; crescem com a passagem para a fase de crise e de possível desmoronamento (pouco importando a base da interpretação: se se trata de uma desintegração catastrófica, como supõem K. Marx, R. Luxemburgo e E. Mandel, ou de um preço do êxito, como sugere J. Schumpeter).[19] A autodefesa cria um enrijecimento inevitável, nasça ela dos riscos de uma greve geral, das ameaças do movimento operário ou da viabilidade de uma revolução socialista. Automaticamente, os requisitos do contrato, do consenso e da representação sofrem um debilitamento que se traduz por uma exacerbação das formas de dominação burguesa. O componente autoritário oscila, as relações autoritárias ganham saliência e a democracia fica um privilégio dos mais iguais (ou das elites no poder). Voltaremos ao assunto adiante. O que importa salientar, agora, são os dois aspectos que incrustam o autoritarismo na normalidade da *vida burguesa,* e em suas crises – como Bismarck, o burguês precisa de uma mão de ferro para impor a obediência nas "condições normais da ordem" e, em especial, para dar labilidade ao Estado capitalista, que não pode enfrentar as "condições de emergência" sem um enrijecimento rápido e crescente, pelo, qual a minoria mostra as suas garras (ou seja, revela que ao monopólio da domina-

---

[19] Em *Capitalisme, socialisme et démocratie* [Capitalismo, socialismo e democracia], trad. de G. Fain, Paris, Payot, 1972.

ção burguesa corresponde um monopólio do poder político estatal: sem nenhuma mágica, o Estado de exceção brota do Estado democrático, em que está embutido). *Estrutura* e *história* estão correlacionadas. Quando as relações autoritárias se exacerbam, a estrutura ganha saliência, o que é mais profundo vem à tona e revela a face burguesa da imposição da autoridade. Quando as forças antiburguesas ganham saliência, a história prevalece e o elemento democrático se expande, amparado nos interesses e situações de classe da maioria. Por aí se vê que o contraste entre autoritarismo e democracia deixou de vincular-se à pressão burguesa. Esta deixou de encarnar "a vontade comum". Como escreveram Marx e Engels: "A classe que faz uma revolução aparece, do princípio, na medida em que ela se opõe a uma *classe,* não como uma classe mas como representante de toda a sociedade; ela aparece como toda a massa da sociedade que está em confronto com uma classe dominante".[20] Essa condição se dissipou depois que a burguesia realizou o ciclo das várias revoluções que asseguraram a "transformação capitalista". Passado esse período, o despotismo burguês desprende-se da impulsão revolucionária; o conformismo, a reação e a contrarrevolução marcam as etapas da consolidação do autoritarismo e de sua generalização.

**   O problema das relações autoritárias na época atual: Duas coisas precisam ficar claras em nossas relações. Primeiro, não tentarei explorar os caminhos da "neutralidade ética". Segundo, procurarei projetar o ponto de vista sociológico no âmago da situação de conflito e das tensões que geram os movimentos sociais, com suas alternativas

---

[20] *The german ideology* [A ideologia alemã], *op. cit.*, p. 62.

de "transformação do mundo". É preciso opor uma veemente repulsa ao que Barrington Moore Jr. chama de "o novo escolasticismo".[21] Só que vou mais longe, pois a crítica não deve apanhar apenas o empirismo, a grande teoria e o absolutismo moral (combinando-se a Moore um pouco de Wright Mills),[22] mas também o que, na linguagem de Lenin, se poderia chamar de a nova infecção pequeno--burguesa do marxismo, ligada a um pretenso marxismo a-histórico. Retirar do marxismo o modelo explicativo que se delineia no posfácio da *Contribuição à Crítica da Economia Política*,[23] seria o mesmo que restabelecer o reinado do "naturalismo" nas ciências sociais. A equação que foi posta em relevo: estrutura e história. O que permite ao sociólogo combinar a investigação rigorosa com a explicação precisa e a responsabilidade intelectual (a qual, conforme as circunstâncias, vai da atitude participante à militância política "contra a ordem", não em nome de *certos valores,* mas como contestação fundada em movimentos revolucionais potenciais ou reais). A partir do elemento burguês da democracia, tem-se feito a defesa militante do liberalismo ou da democracia parlamentar. É igualmente legítimo fazer o inverso: a partir do elemento proletário da democracia, fazer-se a defesa do socialismo e da revolução social. Não

---

[21] Ver *Political power and social theory* [Poder politico e teoria social], New York, Harper Torchbooks, 1965, cap. 3, "The New Scholasticism and the Study of Politics", leitura fundamental neste caso.
[22] *The sociological imagination* [A imaginação sociológica], New York, Grove Press, 1961, esp. caps. 1-3 e 8.
[23] Trad. de F. Fernandes, São Paulo, Editora Flama, 1946/Expressão Popular, 2009. Cf. F. Fernandes, *Fundamentos empíricos da explicação sociológica*, S. Paulo, Companhia Editora Nacional, 1959, parte II, caps. VI e VII; G. Della Volpe, *Critique de l'idéologie contemporaine* [Crítica da ideologia contemporânea], trad. de P. Méthais, Paris, Presses Universitaires de France, 1976.

mais como K. Mannheim, em busca de uma "terceira via" ("liberdade com planejamento"), mas em busca de um novo padrão para a civilização industrial. O que isso tem a ver com o presente curso? Tudo! Primeiro, não vemos o poder como uma realidade transcendental e em termos formais-dedutivos. Mas, como uma realidade histórica. Segundo, porque não nos separamos do processo histórico-social descrito. Como assinala Marx, "a questão de saber se ao pensamento humano cabe verdade objetiva não é uma questão de teoria, mas uma questão prática".[24] Essa perspectiva é que permite encarar o capitalismo recente em termos das forças sociais que "enfrentam o desmoronamento", com vistas a consolidar a defesa da ordem existente e a sua reprodução; e as forças sociais alternativas que "aprofundam o desmoronamento" procurando criar dentro das condições existentes não só uma "mudança da ordem", mas também a transição social para uma ordem social diferente. Na verdade, o conflito de classes possui múltiplas polarizações. Ele tanto pode ser utilizado para "reforçar a ordem" quanto para destruí-la. A maioria pode ser impotente se sucumbir à ideologia dominante e à cooptação direta e indireta. Por isso, o fundamental é o desemburguesamento da classe operária. O capitalismo ameaçado não aumentou seu cerco apenas contra as revoluções socialistas; ele manietou o conflito social e procurou despojá-lo de sentido político, não só por meio da massificação da cultura mas também pela fragmentação e pulverização das próprias condições objetivas de existência da classe social revolucionária. De outro lado, onde o processo histórico não avançou tanto: os "malditos

---

[24] Ver *Fundamentos...*, p. 280.

da terra" (Fanon: como descrição global; Eric Wolf)[25] são mais "fracos", mas ao mesmo tempo menos debilitados e corrompidos pelo próprio capitalismo. Não têm lealdades erradas nem interesses contraditórios (o que explica, por exemplo, a sedução de um "tio" Ho, pois Ho Chi Minh encarna essa polaridade:

> As calamidades me temperaram e enrijeceram transformando a minha mente em aço.

Quando os conflitos sociais fortalecem a ordem existente, a hegemonia do elemento burguês na democracia, temos uma alternativa histórica. Vemos o capitalismo recente como uma força atuante por meio de grupos de homens que tentam, por meio do controle conservador ou contrarrevolucionário da mudança, preservar o padrão capitalista de civilização industrial (no centro e na periferia). É tarde? Eis uma palavra que se deve evitar. Toda a história do capitalismo no século XX desmente certas simplificações mecanicistas. Lukács escreve que a crise é inexorável. Todavia, ela não constitui um processo automático. Ela não só depende de uma correlação de forças e da vitória das forças revolucionárias (com condições objetivas e subjetivas que podem existir ou não, ser suficientemente fortes ou não etc.); como também depende de uma evolução em que o fator humano está implicado no polo conservador e contrarrevolucionário (não se deve ignorar que as opções valem dos dois lados e ambas *decidem* a história da época atual). Vemos também a transição para o socialismo como a eclosão do elemento proletário da democracia na história. Também aqui é preciso evitar as simplificações mecanicistas. A catás-

---

[25] *Peasant wars of the twentieth century* [Guerras camponesas do século XX], New York, Harper & Row, 1969.

trofe ou o desmoronamento é fatal? Sim, se a maioria tiver condições objetivas e subjetivas para se converter e atuar como uma força social revolucionária. Não estamos lidando com tropismos. Uma classe emergente desagrega o regime dentro do qual ela se expande. Todavia, essa não é uma função "natural" e "inexorável". Para que ela ocorra, é preciso que se forme uma consciência de classe revolucionária e que a "massa" se comporte revolucionariamente. O enlace é, de novo, estrutura e história. Estruturas que são modificadas, desagregadas e transformadas pela ação coletiva de grupos de homens que se opõem à ordem existente e lutam por sua transformação revolucionária. Nos dois polos, não estamos no paraíso. O conservantismo e a contrarrevolução desembocam na via autoritária e mesmo no fascismo. O reformismo e a revolução também desembocam na via autoritária e numa ditadura de classe que *não é equivalente ao fascismo e ao totalitarismo* por causa de seus fins, de sua duração e de sua própria história (que deve culminar na liberdade, na igualdade, na extinção do próprio regime de classes, com suas estruturas econômicas, sociais e políticas). Os chamados teóricos do "pluralismo político" têm procurado fazer e difundir tal confusão. No entanto, seus motivos ideológicos e contrarrevolucionários são tão evidentes que nem vale a pena discutir mais a fundo a questão. Essa transição parece longa demais? Por quê? A questão do "tigre de papel" precisa ser evocada. Os que subestimam a flexibilidade do capitalismo na era do imperialismo e a capacidade de decisão de uma burguesia ameaçada devem rever o diagnóstico. Não para modificar suas opiniões. Porém, para interpretar melhor o presente e não "simplificarem a história". O cerco capitalista é uma realidade externa e interna ao funcionamento do capitalismo no plano nacional e no plano mundial. Temos de compreender isso para entender melhor o fluxo da história e as alternativas da contrarrevolução e da revolução. As duas unidades didáticas subsequentes irão permitir uma descrição global de nossa época, voltada para a localização dos componentes do autoritarismo nas duas direções apontadas. Só me resta fazer uma profissão de fé explícita. Ao reconhecer os dois lados e as implicações da situação global não sucumbo nem ao relativismo historicista nem ao pessimismo, ambos excluídos da ótica socialista.

O ESTADO SOB O CAPITALISMO RECENTE

Quatro aulas:
1. Classe e conflito de classes sob o capitalismo monopolista;
2. O Estado capitalista da era atual;
3. O Estado capitalista da periferia;
4. A contrarrevolução em escala mundial.

1. Classe e conflito de classes sob o capitalismo monopolista

★   Há duas orientações dogmáticas igualmente nocivas: a dos que pretendem ver o capitalismo recente – (o que Sombart qualificou como *late capitalism* mas em sua forma atual; em sua classificação: *early, full* and *late*) – como "pós-industrial", destituído de classes e de ideologias; e a dos que, ossificando o marxismo, se fixam nos quadros do capital industrial do século XIX e do desmoronamento catastrófico por assim dizer automático. Não podemos fazer análises sociológicas "acima das ideologias". Mas, para ser científica, a análise sociológica deve absorver e superar a ideologia, a "fetichização", a "reificação" ou a "mitificação do real" (o que é, aliás importante, para os que são ou se consideram marxistas). A questão central continua a ser: é possível um capitalismo sem classes e sem conflito de classes? É possível capitalismo sem apropriação da mais-valia relativa e, portanto, sem concentração do poder econômico, social e político dos que possuem a propriedade privada dos meios de produção com as formas correspondentes de dominação e de poder? Em suma, transformando-se o capitalismo de modo tão profundo – mesmo a variedade monopolista do capitalismo: que era uma coisa entre o fim do século XIX e o começo do século XX; e é outra realidade em nossos dias – por onde passam, como se manifestam e o que resulta das formas sociais de estratificação em classe? Ao sociólogo estadunidense que diz corretamente que não existem classes sociais nos Estados Unidos do *mesmo modo* que existiram na Inglaterra, na França, na Alemanha ou na Itália do século XIX, o que devemos opor?

Na verdade, seria ingênuo partir de resultados de uma análise que não foi à "estrutura íntima" da sociedade (aí, nem do ponto de vista de Marx, nem no de Durkheim ou no de M. Weber). Se é verdade que o capitalismo se transformou, temos de estabelecer quais são os limites dessa transformação. São, de fato, transformações profundas: na tecnologia; no sistema de produção, mercado e financiamento; na forma mundial assumida por todas as atividades econômicas; no estilo de vida e nos padrões de consumo; na divisão social do trabalho e na estratificação das classes: transformações essas que afetam os focos de pobreza, ampliam os setores intermediários e *massificam* até certas formas mais ou menos conspícuas de consumo; na socialização pré-escolar, escolar e pós-escolar; na comunicação de massa; na organização do movimento sindical, sua burocratização e "corporativização", e no padrão do protesto operário; e por aí afora. Basta que se tome um resumo muito sumário e elementar, como o de Wilensky e Lebeaux;[1] ele é suficiente para demonstrar o quanto as corporações e os trustes alteraram a estrutura ocupacional da "sociedade moderna", com toda a estratificação de base econômica, e como se modificaram as proporções de trabalhadores qualificados e técnicos no quadro geral ou como se comportaram nas últimas décadas as alterações dos setores primário, secundário e terciário. Toda uma rede de "transformações recíprocas" mudaram a morfologia e os dinamismos da economia sob o impacto de sucessivas "revoluções tecnológicas" – que deslocaram as fronteiras e o significado do "capitalismo" e do "socialismo" em nossos dias, como ressalta Mandel – com implicações bem conhecidas sobre a internacionalização da produção capitalista e o alcance ou eficácia do controle ideológico "dentro da ordem".

O que exprimem essas transformações? Deixou de haver apropriação privada dos meios de produção, desapareceu a propriedade privada, a importância e a busca do lucro, atenuou-se ou diluiu-se o despotismo burguês, obliterou-se a desigualdade econômica, com seus efeitos sobre a concentração social, racial, regional, nacional da renda etc.? Deixou de haver contradição entre a forma de produção e reprodução da ordem e estrutura da sociedade global (a qual opõe liberdade e igualdade a uma democracia dos mais iguais)? Pelo que se infere: 1. das evoluções ocorridas

---

[1] Cf. H. L. Wilensky e Ch. N. Lebeaux, *Industrial society and social welfare* [Sociedade industrial e bem-estar social], New York, The Free Press, 1965, cap. IV: os dados quantitativos devem ser expostos em classe.

primeiro nos Estados Unidos; 2. das evoluções ocorridas nas nações capitalistas mais avançadas (Suécia, Inglaterra, França, Alemanha, Japão etc.) – o regime de classes não desapareceu; ele apenas perdeu o caráter que possuía sob o "capitalismo antigo" ou sob o "capitalismo pleno". Em certo sentido, o regime de classes ficou mais flexível. O que parecia ser peculiar aos Estados Unidos tende a generalizar-se sob um "capitalismo de afluência". Tal capitalismo não pode eliminar o que é básico e intrínseco ao capitalismo sem destruir o próprio capitalismo e sua forma social, a sociedade de classes. O que quer dizer que uma sociedade de classes *diferente* não é o mesmo que uma sociedade de classes *sem capitalismo*. Isso seria um contrassenso.

Há uma imensa bibliografia para assinalar as transformações ocorridas.[2] A bibliografia, à direita ou à esquerda, assinala ou o "desaparecimento da ideologia"[3] ou a manipulação neutralizadora do conflito.[4] Todavia, por trás do que é novo, as estruturas capitalistas possuem o mesmo

---

[2] Ver esp. H. L. Wilensky e C. N. Lebeaux, *Industrial society and social welfare*, op. cit., cap. IV; "The later impact of industrialization on society"; P. A. Baran e P. M. Sweezy, *Capitalismo monopolista. Ensaio sobre a ordem econômica e social americana;* trad. de W. Dutra, Rio de Janeiro, Zahar Editores, 1966; N. Birnbaum, *The crisis of industrial society* [*A crise da sociedade industrial*], Londres, Oxford e New York, Oxford University Press, 1969; A. Touraine, *La société post-industrielle* [*A sociedade pós-industrial*], Paris, Editions Denoël, 1969; A. Gorz, *Estratégia operária e neocapitalismo*, trad. de J. Castro, Rio de Janeiro, Zahar Editores, 1968.

[3] D. Bell, *The end of ideology. On the exhaustion of political ideas in the fifties* [*O fim da ideologia. Sobre a exaustão das ideias políticas nos anos 1950*], New York, The Free Press, ed. rev., 1962.

[4] H. Marcuse, *One-dimensional man. Studies in the ideology of advanced industrial society* [*Homem unidimensional. Estudos da ideologia da sociedade industrial avançada*], Londres, Routledge & Kegan Paul, 1964.

caráter contraditório.⁵ O que significa que a afluência⁶ gera uma realidade histórica nova (embora incapaz de eliminar certos bolsões de miséria e certas tensões sociais.⁷ Não é nosso fito fazer um balanço completo dessa realidade. O que reduziu o alcance da bibliografia sugerida e nos fez negligenciar ocorrências similares na Europa (especialmente o que ocorre na Alemanha, França ou Inglaterra com as correntes migratórias que alimentam o "trabalho sujo"). Cumpre-nos indicá-la e apontar dois fatos. Primeiro, o que ela traduz como *maior flexibilidade do capitalismo* (em seu desenvolvimento e na luta por sua sobrevivência: inclusive, em sua irradiação no centro e na periferia). Segundo, o que ela pressupõe como *potenciali-*

---

[5] Ver esp. P. M. Sweezy, "The American ruling class" [A classe dominante americana], in M. Zeitlin (org.), *American society, Inc., study of the social structure and political economy of the United States* [Sociedade Americana Inc., Estudo da estrutura social e da política econômica dos Estados Unidos], Chicago, Markham Publishing Co., 1970, cap. 29; a maioria dos artigos reunidos em G. Fischer (org.) *The revival of American socialism, selected papers on the socialist Scholars Conference* [O renascimento do socialismo Americano, escritos selecionados da Conferência de Acadêmicos Socialistas], New York, Oxford University Press, 1971, esp. Stanley Aronowitz, cap. 10, "Does the United States have a new working class?"; e as conhecidas obras de C. Wright Mills, *The power elite* [A elite do poder], New York Oxford University Press, 1959, e de G. William Domhoff, *Who rules America?* [Quem domina a América]; Englewood Cliffs, N. J., Prentice-Hall, 1967.

[6] J. K. Galbraith, *The affluent society* [A sociedade afluente], Penguin Books, 1962.

[7] Cf. esp. M. Harrington, *The other America. Poverty in United States* [A outra América. Pobreza nos Estados Unidos], Baltimore, impressão de 1968; o *survey* de C. A. Valentine, *Culture and poverty. Critique and counter proposals* [Cultura e pobreza. Crítica e contrapropostas], Chicago e Londres, The University of Chicago Press, imp. de 1970; e livros como: N. Glazer e D. P. Moynihan, *Beyond the melting pot. The negroes, puerto ricans, jews, italians, and irish of New York* [Para além do caldeirão de raças. Negros, porto-riquenhos, judeus, italianos e irlandeses de Nova York], Cambridge, Mass., The M.I.T. Press, imp. de 1966; St. Clair Drake and H. R. Cayton, *Black metropolis. A study of negro life in a northern city* [Metrópole negra. Um estudo da vida negra em uma cidade do norte], New York, Harcourt, Brace and Co., 1945, ou K. B. Clark, *Dark ghetto, dilemmas of social power* [Gueto negro, dilemas do poder social], New York, Harper Torchbooks, 1967.

dade de autodefesa. A nova tecnologia, as novas estruturas de poder e de socialização, bem como os dinamismos da cultura de massa e de controle policial-militar: conferem ao capitalismo uma potencialidade de autodefesa e de ataque *contra seus inimigos* ("internos" e "externos") que ele não possuía no século XIX; *e a qual passa por todas as instituições da sociedade capitalista*. Por isso, à fase do "socialismo em um só país", segue-se uma nova modalidade de cerco capitalista do socialismo que opera de dentro para fora (da sociedade capitalista na direção do exterior) e de cima para baixo (das instituições-chave sobre todos setores da sociedade, especialmente os "perigosos", em busca de alternativas por meio do uso do conflito contra a *ordem capitalista*). A *defesa da democracia* se confunde com a defesa do capitalismo e ela bloqueia a história.

★★ Feitas estas constatações: podemos tirar três conclusões. Primeiro, não podemos confundir as transformações estruturais e dinâmicas da sociedade de classes nos países centrais com o desaparecimento propriamente dito quer das relações de classe, quer do conflito de classes. [emburguesamento e hegemonia de classe ⇆ mobilização e participação da massa na "defesa" da democracia e do capitalismo]. Segundo, os mecanismos de comunicação de massa suplementam, prolongam e aprofundam os efeitos da socialização básica de conformismo produzida pela educação pré-escolar e escolar, sem eliminar contudo as áreas de tensão e conflito que nascem do caráter antagônico das relações de classe (a mudança no modo de manifestação, consciência e oposição já foram assinaladas há tempo, mesmo por marxistas, como Gramsci, que salientou como a rigidez conduz a evoluções explosivas ou a fluidez à multiplicidade de movimentos inconformistas convergentes; e são comumente abordados pelos sociólogos profissionais).[8] Terceiro, ao nível, nacional e internacional aumentaram a autodefesa e a eficácia potencial do capitalismo, *à maior flexibilidade corresponde também maior rigidez*; o que sufoca o *caráter aberto* da democracia liberal ou parlamentar (o que Mills apanhou muito bem na crítica do sistema de dois partidos);[9] e converte o despotismo burguês numa realidade forte, congestionada e virulenta, embora camuflada, "subliminar" e "deificada" (i.e., pretensamente baseada ou visando a defender os fundamentos axiológicos da liberdade e da própria civilização), e mesmo "generalizada" pelo impacto universal da dominação burguesa (nunca a ideologia da classe dominante se impôs tão drasticamente e completamente por meios normais ou não, institucionalizados ou espontâneos, públicos e privados, seculares e religiosos: o que lembra Hegel, pois o paroxismo da "influência burguesa" como *classe dominante* sugere claramente o que ele entendia como "época" de crise ou de perecimento). O que é *racional* para o capitalismo, o seu fortalecimento e a sua sobrevivência acaba sendo *racional* para o homem em geral e para a *defesa da civilização*. Como no mundo da sociedade primitiva, o bárbaro é o *outro* e o outro vem a ser a ameaça externa (ou interna) do "comunismo". A democracia burguesa, que nunca existiu dentro da empresa, sempre foi mitigada ao nível das outras instituições e sempre foi parcial ao nível do Estado, sofre uma corrupção sistemática (ou o

---

[8] Cf. artigos em H. P. Dreitzel (org.), *Recent sociology* [Sociologia recente]. *n*. 1, *On the social basis of politics* [Sobre as bases sociais da política], Londres, The MacMillanCo., 1969; e esp. T. G. Goertzel, *Political society* [Sociedade política], Chicago, RandMcNally, 1976.
[9] *White collar. The american middle classe* [Colarinho branco. A classe média americana], New York, A Galaxy Book, 1956, p. 344 e seguintes.

que se poderia chamar, por analogia, um congestionamento e uma poluição-limite).

*** O macrocosmo estadunidense vem a ser uma espécie de *modelo ideal*. No passado, enquanto se dava a transição para o capitalismo monopolista, parecia pouco evidente o que viria a ser o capitalismo da "época de crise" ou de desmoronamento (para usar-se a linguagem marxista, à luz de análises bem conhecidas, como as de Marx e Engels, Rosa Luxemburgo e Mandel). É um ápice. *O máximo com os mínimos*. Nunca a liberdade foi tão grande "dentro da ordem" e tampouco foi tão negada quando se defende o prolongamento da revolução democrática "contra a ordem". O "idealismo" dos *pais fundadores* desapareceu. Submergiu dentro da poluição burguesa da sociedade global. Vocês podem usar William H. White, Jr. ou Marcuse ou Riesman – a conclusão é a mesma. Deixando de ser revolucionária, a "classe dominante" prende-se ao *estabelecimento,* converte--se em *antigo regime,* em suma, a classe contra a qual irá toda e qualquer mudança revolucionária. Ela só pode falar em nome de todos, dos interesses gerais ou comuns, quando se trata da defesa da ordem, de *manter o "estado atual das coisas".* O que implica também um monopólio da violência institucionalizada, da repressão e da opressão para gerar conformismo ou um reformismo que consolida a ordem existente, fundado na cooptação, na corrupção e na irracionalidade. O grande problema não é porque os Estados Unidos chegaram aí. Mas, por que, em alguns países capitalistas "avançados", o mesmo modelo ideal não produz as mesmas consequências. A diferença é fácil de explicar. Os Estados Unidos transitaram rapidamente da revolução burguesa para a consolidação da ordem capitalista. O setor intermediário cresceu extensamente e, ao *socializar* o bolo produzido pela mais-valia relativa, deprimiu o sentido revolucionário dos movimentos sociais rebeldes. Na Europa, em particular, e no Japão o processo foi diferente. Os setores intermediários cresceram menos e mais lentamente; o movimento operário teve tempo de consolidar-se. Ele se impõe, portanto, não em nome da hegemonia burguesa, mas apesar dela, por meio dela e contra ela. O que explica as diferenças de estilo e de proporções. Mesmo onde no seguro social, educação, assistência social etc. o Estado transfere mais do público para o privado, em termos de sedução e neutralização, ele o faz sem aceitar o paradigma da "contestação". Ora, na Europa isso seria impossível. O mesmo ocorreria no Japão, por outras condições. A contestação se organiza e se avoluma com um nome próprio, sem subterfúgios semânticos (ainda que sob tons moderados). O que tem o seu preço. O *Welfare State* exprime o "socialismo reformista", não o "esclarecimento" ou a "generosidade" burgueses. Tudo isso não impede que se reconheça: o capitalismo recente abriu perspectivas de "barganha", de articulação e de incorporação do "inimigo principal" que só apareceram tardiamente na Europa (e nunca de modo a evitar que um mínimo de tensão ficasse à base do *Estado democrático* e da pressão antiburguesa das massas). Aí temos não só a Itália e a França, mas também Suécia, Alemanha, Áustria etc., países nos quais a "linguagem socialista" fica.

★★★★ Entretanto, em todos os países do "capitalismo avançado" procura-se deprimir o poder de pressão do movimento operário como e enquanto tal. O anticomunismo cria o reaparecimento da ótica distorcida, que imperou com a social-democracia na Alemanha da República de Weimar.

O centro converte tal ilusão de ótica em algo imperativo. A democracia só é legítima quando encontra ou recebe o consenso "burguês". Ou, o que é pior, dilui a classe operária em uma massa amorfa, que opera como elemento de manobra da "ordem"– os sindicatos põem-se na vanguarda da defesa da democracia parlamentar e deixam de questionar se deveriam possuir um "poder de barganha" ou um "contrapoder" (um poder antiburguês), como ocorre nos Estados Unidos. O poder se concentra no tope: os "mais iguais" (Wilbert Moore) não encontram a legitimidade do exercício da dominação ameaçada. Ao contrário, há uma lógica e uma mística do *consenso democrático*, que coloca o subproletário e o operário ao lado do *estabelecimento*, (do *"establishment"*, da "lei", da "ordem", do que é "estabelecido" e "seguro" etc.), como campeões da *democracia* e do *estilo democrático* de vida. Todavia, a "classe privilegiada" não tem visibilidade como tal[10] – há toda uma teia de tomadas de decisões e de relações de poder que a oculta e só a faz parecer com alguma saliência em termos pessoais ou individualistas e de autoridade legítima. Por isso, esse autor procura combinar o conceito de classe e elite do poder, para levar a análise sociológica mais a fundo e desmascarar a visão conservadora e conformista. Essa teia complexa não deixa nada de fora, ligando o mundo de negócios, a esfera militar, o mundo acadêmico e religioso, com o mundo político. O entrelaçamento apontado e descrito tão rigorosamente por Wright Mills ressurge com muita força e maior densidade pelo enlace explícito de elite e classe. O complexo industrial militar une todas as formas de poder,

---

[10] W. Domhoff, "State and ruling class in corporate America" [Estado e classe dominante na América corporativa], *The Insurgent Sociologist;* vol. IV, n. 3, 1974.

unificando a burguesia do capitalismo monopolista como a burguesia do capitalismo competitivo jamais o poderia fazer. Ela não só possui uma base material de poder mais ampla e mais sólida. Conta com aliados internos mais numerosos e mais penetrados ou socializados pela concepção burguesa do mundo. Quando se atribui aos meios de comunicação em massa e à sua influência alienadora o estado de conformismo, apatia e compromisso com a ordem conta-se apenas uma parte da verdade. Há uma *solidariedade política* em jogo, pois os setores intermediários e uma ampla parte da classe baixa estão profundamente penetrados por uma situação de interesses de classes e de valores sociais que os identificam à classe privilegiada. A linha divisória não passa entre possuidores e despossuídos, mas entre os que são leais à ordem e os que são inconformistas. Além disso, direitos sociais e garantias de vários tipos *disseminam interesses e valores burgueses por toda a sociedade:* não é só o cinema, o jornal, a televisão, a propaganda, a educação pré ou pós-escolar, a educação escolar etc., que fortalecem os liames. Na superpotência (e também nas nações que compartilham uma posição de ponta e de hegemonia) *o capitalismo transformou-se em religião.* As críticas que os "liberais" e a ultradireita "democrática" lançam contra os socialistas e os comunistas também valem contra eles. *A "religião da ordem" vem a ser o reverso da religião da revolução.* A defesa da democracia *forte* – da democracia tida como capaz de "livrar-se de seus inimigos" – funda-se no *credo* de que fora do capitalismo do Estado parlamentar e do liberalismo não existe qualquer humanidade. Só o *inimigo*. Portanto, a partir dessa realidade, que é pedagógica, ideológica e política, estamos dentro da órbita do pensamento conservador (para pensar com Mannheim, um *estilo de pensamento* centralizado estaticamente na reprodução da ordem; na defesa dos interesses das classes dominantes – um deslocamento no eixo da consciência burguesa na era do conflito com as opções socialistas).

2. O Estado capitalista na era atual

★ O chamado Estado democrático tanto foi visto como a forma política mais completa da realização da liberdade do indivíduo, de autonomia dos grupos e instituições sociais, de não regulamentação da economia, da religião e da vida social, de separação, independência e equilíbrio dos poderes[11] quanto como a forma política mais avançada e refinada de ditadura de classe – pois, como dizem Marx e Engels em O manifesto:

> ... a burguesia, desde o estabelecimento da grande indústria e do mercado mundial, conquistou, finalmente, a soberania política exclusiva no Estado representativo moderno. O governo moderno não é senão um comitê para gerir os negócios comuns de toda a classe burguesa.[12]

A ótica liberal tem reduzido o Estado constitucional e representativo a um Estado *neutro* e *fraco*, movido pela filosofia do *"laissez-faire"*, como se a vida econômica, social e política sob o capitalismo fosse determinada ao nível privado e das relações jurídicas privadas. No entanto, por causa mesmo

---

[11] Ver esp. R. M. MacIver, O *Estado*, trad. de M. Brandão Lopes e A. M. Gonçalves, São Paulo, Livraria Martins Editora, 1945; e H. Heller, *Teoria do Estado*, trad. de L. Gomes Metta, revisão de J. Mendes de Almeida, São Paulo, Editora Mestre Jou, 1968; para um balanço sociológico R. A. Schermerhorn, *Society and power* [Sociedade e poder], New York, Random House, 1961).

[12] Ver também F. Engels, *L'origine de la famille, de la propriété privée et de l'Etat*, op. cit., p. 155-159; K. Marx e F. Engels, *The german ideology*, op. cit. p.78.

da propriedade privada, da propriedade privada dos meios de produção e da base estrutural-dinâmica do crescimento do capital (apropriação da mais-valia relativa), o Estado democrático sempre foi, ao mesmo tempo, um instrumento de poder e de dominação de classe. Como diz com razão F. Neumann:

> Nunca houve maior desserviço à causa da ciência política do que a declaração de que o Estado liberal era um Estado 'fraco'. Era tão forte quanto o exigiam as circunstâncias de então. Conseguiu imensos impérios coloniais, sustentou guerras, dominou distúrbios internos e se estabilizou por longos períodos.[13]

A evolução interna de países como a Inglaterra, a França, os Estados Unidos e a Alemanha indicam a veracidade dessa afirmação; além das crises cíclicas, havia as pressões do movimento operário e sindical. De outro lado, sob o capitalismo financeiro e a expansão externa, as guerras se tornaram instrumentais como forma de investimento e de controle, passando as sociedades coloniais, semilivres e dependentes (como as designa Lenin em *Imperialismo, o estágio superior do capitalismo*) a serem vitais para a absorção dos dinamismos econômicos do mercado mundial.[14] Esse é o patamar concreto do Estado constitucional e representativo da época atual. Ainda estávamos longe do que iria ocorrer aproximadamente meio século depois. Contudo, o Estado

---

[13] *Estado democrático e Estado autoritário, op. cit.*, p. 17.
[14] Ver esp. Rosa Luxemburgo, *La acumulación del capital* [A acumulação do capital], trad. de R. Fernandez O., México, Editorial Grijalbo, 1967, parte 3; e o famoso livro de R. Hilferding, *Il capitale finanziario* [O capital financeiro], trad. e introd. de G. Pietranera, Milão, Feltrinelli Editore, 2 ed., 1972, o autor que enxergou com maior penetração as relações do Estado "democrático" com os interesses dos trustes e cartéis.

burguês da primeira evolução do capitalismo recente já era muito mais complexo, ativo e interferente que o seu antecessor, que fora instrumental para a primeira floração do capitalismo ou para a sua consolidação.

** Esse tipo de Estado já era fundamental como forma política do poder burguês ao nível nacional e ao nível mundial. Na verdade, ela já continha toda a estrutura e todos os dinamismos do Estado capitalista da era atual. Não obstante, convém fazer uma ressalva. Se ele já desmentia a concepção abstrata e utópica do *Estado liberal*, totalmente incompatível com as formas de produção e de circulação do capitalismo industrial-financeiro, bem como as formas sociais e políticas das relações de classe no plano nacional e nas colônias ou no plano mundial, ele de fato não passava de uma crisálida. A transformação global desse Estado se prende a três fatores vitais: 1°) a Revolução Russa e suas repercussões políticas nos conflitos de classe (radicalização do movimento operário e cerco à eclosão socialista); 2°) as sucessivas revoluções tecnológicas, no plano da produção, da organização e administração da empresa, do consumo e da comunicação em massa; 3°) o amálgama ou articulação crescente entre interesses políticos, econômicos e culturais das classes dirigentes com o Estado, dentro da nação e com referência às estruturas internacionais de poder. O que se constata: a flexibilidade do capitalismo se patenteia a olho nu. Ele se sobrepõe às crises cíclicas, vence os conflitos setoriais das classes possuidoras e gera um mínimo de coalescência entre interesses convergentes das burguesias dominantes das nações capitalistas hegemônicas. Como contraparte, também se constata uma crescente rigidez do Estado burguês como máquina política e instrumento de dominação de classe. A oscilação é rápida e pulverizadora. Ele satura várias funções *preventivas*, que antes não tinham razão de ser ou surgiam de maneira mitigada. Volta-se ao mesmo tempo para o "inimigo interno" e para o "inimigo externo", fragmentando ou esmagando a pressão operária, as rebeliões coloniais, os avanços na direção do socialismo. O ápice dessa transformação é atingido sob o tormento da Segunda Guerra Mundial e no período quente da chamada "Guerra Fria". Muitos autores fazem essa análise *como se* nas nações capitalistas de "tradição democrática e pluralista" o processo tivesse sido apenas de crispação superficial. No entanto, nessas nações surge a *democracia forte*, que contém potencialmente, ao nível estrutural e dinâmico, tanto o "Estado autoritário" explícito, quanto o Estado fascista e totalitário. O enlace entre "imperialismo" e "multinacionais" apresenta não o *produto final* da "democracia pluralista", mas o Estado capitalista que se torna necessário nesta era conturbada e de desafio da história. Na última exposição desta unidade didática iremos considerar essas crispações de superfície e de profundidade. Aqui trataremos das condições e fatores que estão na raiz de tão formidável transformação histórica.

★★★ Infelizmente (ou felizmente) o interesse do curso é restrito. Não me cabe examinar a questão mais ampla: Estado e capitalismo na era atual. Mas, como o capitalismo monopolista, na fase atual, força uma redefinição: que se fale muito mais de *Estado capitalista* (que de "Estado democrático").[15] As condições nacionais e as condições mundiais do capitalismo

---

[15] Cf. R. Miliband, *O Estado na sociedade capitalista*, trad. de F. Tabak, Rio de Janeiro, Zahar Editores, 1972; N. Poulantzas, *Poder político y clases sociales en el Estado capitalista* [Poder político e classes sociais no Estado capitalista], trad. de F. M. Torner, México, Siglo Veintiuno Editores, 3 ed., 1971.

se alteraram. Contudo, nem por isso Estado e Nação deixam de ser focos centrais dos dinamismos do poder político e da dominação de classe da burguesia (tanto no centro quanto na periferia). As transformações da tecnologia da produção e do sistema de poder do capitalismo criaram uma *crise* que apanha o Estado de modo extenso, profundo e violento. Não obstante, seria apressado e inverídico sugerir que o elemento "internacionalização" substitui ou neutraliza o elemento "nacional"; ambos se superpõem: quando o capitalismo atinge, no plano tecnológico e econômico, o ápice da internacionalização, isso internacionaliza a força econômica, social e política das classes possuidoras (e portanto muitas estruturas e funções do Estado capitalista). Obriga, também, o movimento operário, os sindicatos e as forças revolucionárias a consolidarem a estratégia internacionalista *em um nível puramente capitalista*. Não obstante, o capitalismo monopolista ainda não gerou um Estado supranacional e os esforços nessa direção não conseguiram conciliar uma comunidade internacional de poder com as realidades nacionais do regime de classes e do Estado capitalista. Por isso, impõem-se três temas a um debate objetivo que não seja cego à resistência à eliminação das bases de poder e de dominação da burguesia fundadas na Nação (e, como contraparte, de atuação reivindicativa ou política das classes assalariadas, cujo *poder de barganha* e "capacidade de pressão" ainda é maior numa escala nacional, embora tenham de acompanhar a internacionalização global da relação com as classes possuidoras e, em termos especificamente revolucionários, teriam maior potencialidade de influência se o "internacionalismo proletário" fosse uma realidade política): a) como a internacionalização inerente ao capitalismo monopolista se refletiu nas estruturas, nas funções e nas linhas de evolução do Estado capitalista; b) a "face interna" da dinâmica do Estado capitalista; c) a "face externa" da dinâmica do Estado capitalista.

★★★★ Quanto ao primeiro tema, o esquema atual seria simples: internacionalização ⇆ poder burguês e dominação burguesa ⇆ oscilação da "base material" e da "base política" do Estado capitalista, simultaneamente nacional e internacional (em outras palavras, o Estado capitalista se internacionaliza, em termos de *funções construtivas,* de adaptação à transformação da tecnologia, da forma de produção, do mercado, dos mecanismos financeiros da empresa multinacional, e das *funções preventivas,* criadas pela "ameaça interna" e pela expansão do socialismo em escala mundial). O Estado nacional (mesmo o da superpotência ou dos países capitalistas hegemônicos) acha-se confrontado, primeiro, e compelido, em seguida, por uma realidade nova, que se configurou de modo relativamente rápido. Ele se viu inopinadamente "deslocado" do papel de retaguarda dos grandes trustes e cartéis ou da defesa da soberania numa escala limitada. De um lado, várias multinacionais são bastante poderosas para contarem como um Estado dentro do Estado – e se não lutam contra ele, é porque ele é um Estado providencial e essencial para o equilíbrio mundial de que elas necessitam. Mas ao seu poder econômico corresponde um poder político indireto considerável.[16] De outro, a internacionalização das forças produtivas e das formas comerciais e financeiras do capitalismo exigem novos requisitos políticos para a existência e a sobrevivência da empresa capitalista, bem como uma

---

[16] Cf. A. Sampson, *The sovereign State of I.T.T.* [O Estado soberano de I. T. T.], Greenwich; Conn., A Fawcett Crest Book, 1974.

nova forma de intervenção do Estado na área econômica (o complexo industrial-militar e os subsídios ou várias medidas direta ou indiretamente econômicas indicam o caráter dessa transformação). O que quer dizer: tecnoestruturas que surgem dentro do Estado por imposição da evolução do capitalismo e que se traduzem pela ampliação e intensificação do elemento autoritário intrínseco ao Estado burguês, mesmo que ele continue a mostrar-se como *democrático* (isto é, não assuma uma feição, típica do Estado de exceção).[17]

★★★★★ É preciso considerar-se, como ponto de partida para a colocação do segundo tema, que essa transformação coincide com o máximo de afluência e com a necessidade de alargar a elasticidade interna das nações capitalistas (em termos de padrão de vida das classes *baixas* e *médias*, de suas lealdades políticas e de sua "qualidade de vida" – ou seja, um emburguesamento que é, em si e por si mesmo, uma forma sistemática de cooptação pela ordem). Nesse contexto, o Estado capitalista vê-se entre dois fogos. Primeiro, as suas obrigações econômicas vinculadas à alimentação incessante das corporações e do padrão monopolista de desenvolvimento capitalista crescem ininterruptamente, como se fosse uma rosca sem-fim, que vai se alargando nos elos intermediários e do tope sem cessar. O próprio Estado perdeu o controle desse processo, que é mais um aspecto da *anarquia* inerente à expansão do capitalismo. Incorporado às forças produtivas do capitalismo, o Estado sucumbe a esse desenlace e, para fazer face às suas consequências, precisa tecnocratizar-se,

---

[17] Esp. P. A. Baran e P. M. Sweezy, *Capitalismo monopolista, op. cit.*, caps. 6-7; C. Wright Mills, *The power elite, op. cit.;* J. K. Galbraith, *O novo Estado industrial*, trad. A. Cabral, Rio de Janeiro, Editora Civilização Brasileira, 1968.

enrijecer-se, ou seja, ampliar seus papéis especificamente autoritários. Segundo, ele não pode atender unilateralmente às pressões a que é submetido. À porção das multinacionais e das elites no poder, precisa corresponder algo no sentido oposto (ou o Estado capitalista perderia sua base popular e sua legitimidade, já que a sociedade civil e a sociedade política são realmente amplas sob o capitalismo monopolista dos países centrais ou nas chamadas potências intermediárias, como Canadá ou Austrália). Daí resulta um dilema: os recursos do Estado capitalista não são elásticos. As duas pressões não podem ser atendidas igualmente e *ad infinitum*, o que configurou a chamada *crise fiscal* do Estado capitalista.[18] Esse autor chama a atenção para as contradições que opõem as funções de *acumulação* e de *legitimação*; e como elas interferem no *capital social* ("gastos requeridos por uma lucrativa acumulação privada"), nos *investimentos sociais* ("projetos e serviços que elevam a produtividade da força de trabalho mobilizada"), no *consumo social* ("projetos e serviços que diminuem os custos da reprodução do trabalho"), nos *gastos sociais* ("projetos e serviços que se destinam a preservar a harmonia social": não são nem indiretamente produtivos). Como tudo isso coincide com uma crise das "velhas metrópoles" e uma modificação da antiga concentração regional (com a forma correspondente de metropolização), no conjunto o processo descarrega sobre o Estado um verdadeiro desafio de *autoritarização crescente*. As estruturas nacionais pressionam a partir das classes privilegiadas e de suas elites, a partir dos consumidores e das camadas pobres ou miseráveis, a partir

---

[18] Cf. J. O'Connor, *The fiscal crisis of the State* [A crise fiscal do Estado], New York, St. Martin's Press, 1973.

dos descontentes. O que expõe os governos (entenda-se: o Poder Executivo) a um gigantismo crescente e compele o Legislativo e o Judiciário a uma marcha batida de autodefesa do contrapeso (para não se anularem: por exemplo, o Senado e as multinacionais na América Latina).[19] O antigo Estado democrático se dilacera e vê-se confrontado com a realidade econômica imposta pelo capitalismo monopolista, que o força a absorver novas tecnoestruturas em que a dominação burocrática e vertical se impõem como a única evolução possível. A antiga ótica persiste. Mas ela encobre um *Estado militarista e industrial,* compelido a defender suas bases de apoio dentro da Nação e a conter a internacionalização "dentro de limites" operacionais para a própria reprodução de um Estado-nacional. Já foram mencionados vários livros importantes sobre o assunto (como os de Miliband, Poulantzas, Galbraith e Domhoff). Valeria a pena incluir nessa lista o ensaio de F. J. Cook, O *Estado militarista.*[20]

****** Em contraste com o capitalismo monopolista e o imperialismo do começo do século, agora não se trata mais da "partilha do mundo": o Estado capitalista de hoje não precisa conquistar e manter "impérios coloniais". A superpotência e as nações capitalistas hegemônicas ainda competem entre si pelo espólio representado pelas nações subdesenvolvidas e dependentes. No entanto, as multinacio-

---

[19] Veja-se R. S. Newfarmer e W. F. Mueller, *Multinational corporations in Brazil and Mexico: Structural sources of economic and non economic power* [Corporações multinacionais no Brasil e no México: Fontes estruturais do poder econômico e não econômico], Report to the Subcommittee on Multinational Corporations of the Committee on Foreign Relations, United States Senate, Washington, U. S. Government Printing Office, 1975.
[20] Trad. de F. de Castro Ferro, Rio de Janeiro, Editora Civilização Brasileira, 4 ed., 1966.

nais realizam o esforço direto da ocupação econômica, por meios próprios e tendo como retaguarda o sistema de poder conjugado daquelas nações e dos Estados Unidos. Nesse plano, o Estado capitalista satura novas funções militares, policial-militares, diplomáticas e políticas, bem como *leva até aí suas funções de acumulação*. A nova realidade mundial se apresenta na luta de vida e morte contra a expansão do socialismo. Esta impôs uma solidariedade política às nações capitalistas centrais, com convergências econômicas culturais e especificamente ideológicas entre todas elas. O sistema de dominação burguesa é agora também internacionalizado. E para fazer face a essa internacionalização o Estado capitalista assume outras proporções; particularmente ao nível das forças armadas, espionagem, contraespionagem e contrainsurgência, propaganda e contrapropaganda – ele se vê permanentemente envolvido na luta contra o "inimigo interno" e o INIMIGO EXTERNO; essa luta não encontra fronteiras nem momentos de interrupção. O que implica, de novo, o congestionamento, a tecnoburocratização do Executivo, o alinhamento do Legislativo e do Judiciário às diretrizes dos "interesses nacionais" ou dos "interesses da democracia", traçados pelos governos e também pelas instituições-chave extragovernamentais. Duas inovações são centrais. Primeiro, a criação de uma *força de dissuasão* (ou de "guerra preventiva" permanente) capaz de paralisar ou deprimir a irradiação socialista como estratégia de "ação externa"; segundo, uma articulação direta e ativa com as burguesias e os Estados-nacionais da periferia. "Interdependência", "desenvolvimento com segurança" e "consolidação do mundo livre" equacionam ambos os processos, que apresentam altos custos econômicos, sociais e políticos para o Estado capitalista. Esse é exposto por aqui a um gigantismo e a um desgaste que apresentam dois aspectos em contradição. De um lado, acarreta uma consolidação econômica das multinacionais e do capitalismo monopolista (com o complexo industrial-militar, suas condições e consequências). De outro, projeta o Estado capitalista do centro no âmago mesmo da dominação burguesa: o despotismo desta, no plano institucional da empresa privada e da iniciativa privada, transfere-se por inteiro para o Estado, como se não houvesse uma linha divisória entre o Estado constitucional, parlamentar e representativo, e os interesses dominantes das classes privilegiadas do centro. Mas, enquanto no plano interno o Estado capitalista precisa equilibrar as funções de legitimação, no plano externo essa fronteira ou desaparece ou é pouco saliente. A legitimação é inerente à ação que vai do centro para a periferia. O imperialismo dita as suas próprias normas e a sua legitimidade. Em consequência, a "paz armada" estabelece uma convivência com as Nações socialistas que traumatiza e violenta o *Estado democrático,* convertendo-o em um artifício político, e a "interdependência" gera uma tirania dentro do sistema capitalista mundial de poder, da qual as Nações capitalistas dependentes não têm como fugir, mesmo quando a defesa dos "direitos humanos" passa a ser invocada como *ultima ratio.* O que quer dizer que a face mais dura do Estado capitalista atual volta-se para fora, exacerbando o elemento autoritário que, a esse nível, não encontra canais de compensação ou de inibição (o que se compreende: a paz na periferia é, ao mesmo tempo, uma consolidação de fronteiras e uma autodefesa contra a irradiação da contaminação socialista da periferia para o centro).

3. O Estado capitalista da periferia

★ A noção de periferia não é precisa. Ela envolve um europeu-centrismo e um norte-americanismo evidentes (como se só a história da civilização capitalista contasse). No entanto, o "mundo moderno" foi formado ou reconstituído sob influências diretas e indiretas da "expansão do mundo ocidental". Não vamos entrar na discussão dessa questão, demasiado geral. O fato é que as civilizações preexistentes à formação e à consolidação do capitalismo na Europa – por "grandes", "médias" ou "pequenas" e por "atrasadas" ou "avançadas" que fossem – caíram nas malhas da "conquista", do "domínio colonial" (direto e indireto) e do "imperialismo". Na verdade, tal expansão aparece como um cataclisma social para os demais povos da terra, sem exceção. Não obstante todo o interesse que essa história possui, ela só nos interessa aqui em parte. A razão dessa limitação não provém do fato, indiscutível para muitos, de que atingimos a etapa final dessa idade histórica.[21] O colonialismo está condenado. Como disse Fanon, "o jogo europeu finalmente acabou. Hoje podemos fazer tudo, conquanto não imitemos a Europa, desde que não estejamos obcecados pelo desejo de nos igualar à Europa".[22] Porém, temos de procurar a parte dessa periferia que penetra, na era atual, nas estruturas, nos dinamismos e na história do capitalismo monopolista. Pois o desenvolvimento capitalista monopolista – ou seja, o capitalismo recente – desaba na periferia e realiza-se dentro dela como uma realidade

---

[21] Cf. esp. G. Barraclough, *Introdução à História Contemporânea*, trad. A. Cabral, Rio de Janeiro, Zahar Editores, 2 ed., 1973; e em sentido mais amplo, P. Worsley, *The Third World* [O Terceiro Mundo], Londres, Weidenfeld and Nicolson, 1964.

[22] *The wretched of the Earth* [Os condenados da terra], trad. C. Farrington, New York, Grove Press, 1968, p. 312.

interna (embora sob uma conjugação de evoluções que vão simultaneamente de "fora para dentro" e de "dentro para fora"). Para atingir esse objetivo analítico, a América Latina contém um terreno de trabalho ideal. De um lado, porque aí a revolução anticolonial foi amplamente reprimida e controlada por interesses conservadores particularistas: a Independência, a emergência do Estado nacional e a eclosão do mercado capitalista moderno não destroem as estruturas econômicas, sociais e de poder de origens coloniais, mas se adaptam a elas. O "moderno" e o "arcaico" se superpõem, tornando-se interdependentes como fatores de acumulação capitalista primitiva e de consolidação do desenvolvimento capitalista a partir de dentro. De outro, porque as nações capitalistas mais viáveis da América Latina conheceram uma longa evolução do capitalismo competitivo, apegaram-se aos mesmos sonhos de realizar a revolução nacional sob o impulso da transformação capitalista e falharam na mesma direção: acomodaram-se e submeteram-se ao imperialismo, por meio da dinamização interna do crescimento capitalista sob *dependência permanente;* e por fim tentaram a industrialização maciça não por meios próprios mas pelo famoso tripé (em que as multinacionais e as nações capitalistas hegemônicas, com sua superpotência, se associam com as burguesias locais e com o Estado burguês). Acresce que a presença dos Estados Unidos no hemisfério ocidental reforça, limita e ao mesmo tempo impõe tal evolução. Portanto, é na América Latina que encontramos a versão mais acabada do *Estado capitalista* periférico da era do capitalismo monopolista e de seu padrão de imperialismo. Ou seja, que deparamos com o que já chamei de *revolução burguesa em atraso* e seu subproduto essencial, uma ditadura de classes aberta e um *Estado autocrático-burguês* (o qual não é apenas uma imagem invertida do Estado democrático-burguês, porém a forma que ele deve assumir como instrumento de dominação externa e de um despotismo burguês reacionário). Se em outros continentes o Estado capitalista da periferia também é contrarrevolucionário ou está na autodefensiva, apenas na América Latina ocorre tal congelamento da história em processo.

** Os países da América Latina não conseguiram conciliar desenvolvimento capitalista autônomo com uma ordem social competitiva relativamente equilibrada e um Estado democrático [o contraste, feito por meio dos Estados Unidos ou da Alemanha e Japão – citar P. Baran, Barrington Moore, Jr., e R. Bendix]. Mesmo nos países onde o crescimento urbano-comercial e industrial foi mais longe, as populações pobres, além de muito numerosas, dispersavam a miséria tanto no campo quanto na cidade. As burguesias nativas detinham o controle da sociedade política. Contudo, eram burguesias relativamente *fracas* (com referência aos centros dinâmicos do capitalismo mundial) e incapazes de dinamizar as funções básicas da dominação burguesa (o que as concentrava naquelas funções diretamente vinculadas a seus próprios interesses particularistas, de autopreservação e autoprivilegiamento direto ou indireto, como a "defesa da ordem" e a consolidação do capitalismo privado de duas faces; ou, em outras palavras, o que as absorvia nas *"funções nacionais"* diretamente vinculadas aos interesses das classes possuidoras e ao exercício de sua dominação, mesmo que isso acarretasse o monopólio do poder político estatal por segmentos muito reduzidos da sociedade global). Em consequência, como sucedia com as elites coloniais, convertiam-se no elo interno da dominação imperialista externa; e, apesar de absorverem as ideologias e utopias das burguesias do centro imperial, não podiam encadear e levar a cabo as várias revoluções sucessivas e interdependentes da transformação capitalista (em especial, não podiam pôr em prática o "idealismo constitucional" e admitir a transição efetiva da democracia restrita para a democracia de participação ampliada, já que a "democracia burguesa" trazia consigo riscos potenciais e reais de "sublevação da ordem"). O quadro não é idêntico em toda a parte. Malgrado as gradações, porém, permanece uma constante: a dominação direta de classe e o poder político-estatal de classe exigiam a redução do espaço econômico, sociocultural e político das massas populares e das classes trabalhadoras (o que permitia adaptar ambos às desigualdades capitalistas, que se superpunham a outras desigualdades pré ou subcapitalistas, no condicionamento recíproco do moderno, ultramoderno e arcaico). O que nos interessa à presente análise é a configuração do contexto que se delineia depois da "grande crise" (de 1929). A pressão de baixo para cima manifestou-se em vários países e forçou a dominação burguesa a aceitar conciliações temporárias (em alguns países a democracia de participação ampliada conseguia dinamizar-se por meio de uma *"demagogia populista"*; em outros, esta parecia ajudar a transição da democracia restrita para a democracia de participação ampliada). As elites das classes possuidoras pareciam convictas de que iriam "repetir a história", que a "grande revolução" de talhe francês estava ao alcance de suas mãos. Com a Segunda Grande Guerra, a Guerra Fria (como defesa do *mundo ocidental* contra a "expansão do comunismo") e a internacionalização de mercados, formas de produção, tecnologia e capital, além de administração e rede de instituições-chave, o panorama muda rapidamente. Em lugar do "desenvolvimento autossustentado", como produto natural da maturidade capitalista espontânea, firma-se uma nova modalidade de dependência e de dominação imperialista; e a "internacionalização dos centros de decisão" (sobre a qual até Celso Furtado cometeu equívocos) mostrou sua verdadeira face. Além de ser um "Estado de classe" e um "Estado burguês", o Estado capitalista da periferia contém um *elemento político próprio:* ele associa (sem conseguir eliminar ou amortecer as contradições existentes) o "imperialismo", as "multinacionais" e a "burguesia nacional", convertendo-se no pilar, no mediador e até no artífice dos elos estruturais e dinâmicos da periferia com o centro. A incorporação impunha uma lógica política própria: 1º) em relação ao "aliado principal" (como perder os anéis ficando com os dedos: *a via difícil* de conjuração do risco de uma *regressão colonial* perante as multinacionais, as nações capitalistas hegemônicas e sua superpotência); 2º) em relação ao "inimigo principal" (como fragmentar e destruir a pressão popular, o protesto operário e o movimento sindical, reduzindo o *espaço democrático* necessário ao equilíbrio da ordem às classes possuidoras e privilegiadas); 3º) em relação ao Estado nacional (o pilar da aceleração do desenvolvimento da periferia – como neutralizá-lo ainda mais em termos de funções universais e nacionalistas, bem como adaptá-lo melhor às funções propriamente instrumentais para a expansão do capitalismo privado na era das grandes corporações, do confronto mortal entre capitalismo e socialismo ou às funções repressivas impostas pelo novo padrão de acumulação capitalista, de exploração da periferia pelo centro e de privilegiamento das classes burguesas) [explicar cada ponto]. O elemento central dessa lógica política vinha a ser uma contrarrevolução que aceitava os riscos de uma guerra civil a quente (embora pudesse conter-se no patamar de uma guerra civil a frio) e desembocava na supressão de toda e qualquer *democracia burguesa*. Resolvia-se, assim, a "crise da incorporação" nos limites em que ela surgia como uma *crise do poder burguês*. A burguesia dependente, depois dos sonhos de guiar os Povos da América Latina pelos caminhos da "grande revolução", contentava-se com ser agente de uma odienta e cruel ditadura de classes sem máscara.

★★★ Na situação histórica apontada, a base material do Estado converte-o em um Estado *burguês* (contudo, ele não pode ser um *Estado democrático burguês*). Na realidade, trata-se de um Estado capitalista autocrático, ao qual cabe a qualificação específica de *Estado autocrático burguês*. Nascido do contexto de uma contrarrevolução política, para garantir a "modernização", a incorporação e a industrialização maciça, pelo menos em um certo período de tempo deve funcionar como o instrumento político de uma ditadura de classe aberta. Somente as Forças Armadas poderiam operar como um componente de transição do obsoleto Estado *representativo* latino-americano para esse tipo de Estado; e somente os tecnocratas, civis e militares, poderiam saturar seus quadros e ocupar várias posições de liderança política ou burocrática estratégicas (daí a militarização e a tecnocratização das estruturas e funções do Estado autocrático burguês). Sob outros aspectos, esse Estado também se adapta às suas funções contrarrevolucionárias e repressivas por meio de várias inovações. Ele não se transforma para pôr em prática um "bonapartismo", mas para servir a interesses contraditórios das classes burguesas. A variedade de interesses das classes dominantes força a escolha de áreas de acordo que giram sobre os mínimos: para a estabilidade política, o fortalecimento da ordem e o privilegiamento das classes burguesas. Daí a *saliência da defesa dos interesses comuns,* de modo preventivo mas ostensivo (como a propriedade privada, a iniciativa privada e o capitalismo privado, bem como do novo modelo de acumulação capitalista sem o qual não haveria incorporação, o que faz com que o capitalismo monopolista e uma nova taxa de exploração da mais-valia caminhem juntos e imponham o endurecimento do Estado). No plano da organização do Estado são várias as consequências dessa situação histórica. O poder político é ultraconcentrado ao nível estatal e vemos o aparecimento de uma espécie de Estado neoabsolutista (F. Fernandes e F. H. Cardoso). Não só porque possui meios absolutos de poder; mas ainda porque o poder é manipulado por um grupo reduzido de pessoas ou grupos de pessoas, civis e militares, que ocupam posições estratégicas de mando, tomam decisões sem recorrer ao consentimento expresso de maiorias ou que dependem do consentimento tácito de pequenos setores dominantes. Portanto, o governo possui uma quantidade ampla de poder "absoluto" e "arbitrário", que, em sentido específico, nem sempre é um *poder excepcional* ou de *emergência*. O *poder central* não é difuso e distribuído pelos três poderes (Executivo, Legislativo e Judiciário). Ele também não se personaliza no presidente. No fundo, o poder central é desempenhado por um *executivo invisível* (de composição militar, civil e militar, ou civil com suporte militar: discutir com referência a vários países da América Latina), no Brasil chamado "Sistema". As aparências do regime democrático são mantidas. Porém, muitos papéis do presidente são meramente protagonizados ao nível pessoal; os mecanismos judiciários, legislativos e eleitorais – com sua base representativa e constitucional – são meramente rituais; e o governo pode usar várias manipulações para restringir uma eventual oscilação espontânea (no caso brasileiro, como a solução dos dois partidos artificiais criou um resvalamento; e como a espontaneidade das massas impôs o recurso a meios de deprimir ou fragmentar e anular a própria oposição consentida). Esse Estado autocrático é também um Estado heterogêneo e possui pelo menos três faces salientes. A *democrática,* que aparece como contraparte necessária de uma oligarquia perfeita (os oponentes reais estão desqualificados ou neutralizados; a maioria, mesmo eleitoral, não tem influência concreta; mas a sociedade civil abrange os setores que suportam e legitimam a ditadura de classes aberta e seu Estado. Para estes, existe pois uma democracia restrita, ou melhor, ela não deixa de funcionar). A *autoritária,* que aparece como a conexão inevitável de uma política econômica de linha dura (o Estado não é tão forte para pairar em tudo *acima* das classes privilegiadas; contudo, ele precisa saturar várias funções diretas e indiretas, da qual dependem: a incorporação, com a implantação de um novo padrão de acumulação capitalista; a expansão da grande corporação estrangeira e nacional, pública ou privada; fortes transferências de recursos materiais e humanos bem como de excedente econômico para o exterior; a criação de uma nova infraestrutura econômica; transferência de renda para o tope etc. Tudo isso desenha o quadro do capitalismo selvagem da periferia sob o capitalismo monopolista e em que sentido as funções de legitimação forçam o intervencionismo estatal a procurar uma linha própria de autodefesa do Estado – se não da Nação – e da contrarrevolução. Esse autoritarismo desaba de forma desigual sobre todos os parceiros, valendo menos para as multinacionais que para os vários setores da burguesia interna e, em algumas circunstâncias, para a "empresa estatal", uma das áreas em que se objetivam as funções de legitimação mais salientes). A *fascista,* que se implanta "dentro do Estado" e nasce de necessidades ultrarrepressivas e da institucionalização da opressão sistemática (sem ela, seria impossível o próprio capitalismo selvagem e a manutenção da ordem, pois os assalariados e os setores pobres se revoltariam, com apoio de divergentes de outras classes. A principal função dessa conexão é a fragmentação do movimento operário e sindical bem como a neutralização de qualquer potencialidade de protesto popular. Essa face não resulta só da existência do arbítrio e do terror; ela está, estrutural e historicamente, na contradição entre uma constituição "democrática" e os *atos institucionais*). Todas essas três faces sugerem a existência de um Frankenstein, do qual os "ultras" dizem que *veio para ficar* (pois afirmam que "a revolução veio para ficar"). Trata-se de uma composição que visa a duas coisas: aprofundar e aumentar a duração da contrarrevolução; e, na passagem da guerra civil a quente para a guerra civil a frio, garantir a viabilidade de uma "institucionalização", pela qual a contrarrevolução continuaria por outros meios.

★★★★ É evidente que essas três faces do Estado capitalista periférico não indicam apenas as contradições típicas de um Estado de emergência. Elas sublinham que a ditadura de classes aberta enfrenta dificuldades graves e precisa recorrer a uma composição que não concilia todos os interesses das classes possuidoras e sequer os principais interesses de seus setores hegemônicos, nacionais e estrangeiros. Deve-se considerar, em primeiro lugar, as contradições que nascem da base externa do Estado autocrático burguês. Os interesses comuns são suficientemente fortes para garantir a mobilização das elites para a defesa dos seus interesses (em termos das grandes multinacionais, das várias classes possuidoras e da chamada burguesia de Estado). Vencida a fase militar da contrarrevolução e atingido um patamar relativamente avançado de "normalização da ordem" (ou seja, de "progresso da incorporação") os atritos dos vários interesses passam a chocar-se com os imperativos da "aliança sagrada" e cada grupo ou setor de classe passa a pretender um privilegiamento que passe por sua "capacidade de apetite". O fim rápido do "milagre" [explicar] e a coincidência de uma crise de conjuntura mundial aprofundaram esses abalos. Eles não ameaçam a estabilidade política (mantida como um requisito essencial, ou pelos interesses em jogo ou pelo "medo do passado"), nem modificam o pró-imperialismo da burguesia. Contudo, expõem o Estado autocrático a várias pressões que enfraquecem o seu grau de autonomia real (muito baixa naturalmente) e sua força relativa (*idem*). Em segundo lugar, a partir de dentro do Estado aquelas três faces contêm contradições políticas que não se resolvem. A solução seria fácil – se o Estado autocrático tivesse força e autonomia suficientes para redefinir-se e impor-se em nome da substância de uma das máscaras. Mas isso é impossível (por causa da rede de interesses contraditórios das classes possuidoras nacionais e estrangeiras). Daí resulta uma espécie de erosão progressiva da faculdade do Estado autocrático de autoproteger-se. Ele enfrenta, pois, um desgaste crescente, que acaba atingindo suas estruturas e funções. O que põe em evidência a questão do desmoronamento. De início, pretendia fechar a história. No entanto, a partir das estruturas é que a história se repõe e ameaça esse Estado *sui generis*. Não obstante, isso não impede que as elites no poder das classes privilegiadas usem suas posições estratégicas para proteger seus interesses e a continuidade desse Estado. O que faz com que as forças da contrarrevolução possuam elementos para resguardar tal Estado enquanto for possível e para promover a substituição dele por outro Estado no qual a contrarrevolução possa ser preservada por outros meios (provavelmente, deslocando grande parte do ônus para o próprio regime representativo e para o parlamento). Procura-se "reciclar o processo político" não para *implantar* (ou reimplantar) a "democracia", mas para consolidar e manter o poder relativo das forças contrarrevolucionárias. O que coloca na ordem do dia as ligações da "institucionalização" com o *Estado de direito* concebido como uma "democracia forte", ou seja, como um Estado capitalista dotado de "meios constitucionais" para se autoproteger (isto é, para proteger os interesses de classe inerentes às grandes corporações estrangeiras, às classes burguesas internas e aos seus setores mais privilegiados, como a grande burguesia e a burguesia de Estado, em sua composição burocrática e tecnocrática, civil e militar). De fato, o risco imediato de qualquer transição dentro da ordem vem a ser a eclosão de uma democracia de participação ampliada (já mais consolidada na Argentina, Chile e Uruguai; mas em crescimento no Brasil). Através da emergência da democracia de participação ampliada, sem ocorrer qualquer "institucionalização", as classes possuidoras não têm como impedir a radicalização do protesto popular, conter sua participação e mobilização dentro e contra a ordem; e, muito menos, como enfraquecer e pulverizar as classes trabalhadoras, seus movimentos sindicais e seus partidos políticos, reformistas ou revolucionários.

Portanto, a sede de normalização das classes possuidoras, nacionais e estrangeiras, é limitada. A ditadura de classes sem máscara deve ser substituída por uma ditadura de classe eficiente mas dissimulada. O que recoloca o problema do Estado autocrático sob as "condições normais" do regime constitucional, representativo e parlamentar. A essa polarização do privilégio e do monopólio do despotismo burguês corresponde uma pressão verdadeiramente democrática que só pode avançar por meio do recurso sistemático à desobediência civil e ao apelo a uma revolução democrática definida pelos interesses da maioria. O ponto de partida é pobre. Contudo, essa oscilação poderá destruir o Estado autocrático burguês, consolidar uma democracia de participação ampliada ou uma democracia plena e levar a uma transição para o socialismo. Tudo isso é difícil nos quadros históricos do capitalismo monopolista na periferia. Todavia, as possibilidades existem e a alternativa para o desembocamento no fascismo vem a ser uma revolução democrática ao mesmo tempo incipiente, crescente e permanente. Como a "revolução burguesa em atraso" se esgota no processo histórico, a revolução democrática emergente cria espaço para evoluções de largo prazo que negam o capitalismo.

4. A contrarrevolução em escala mundial

* Nesta discussão devemos fazer um balanço final. Em que sentido, quais são as proporções e como terminará a recente transformação capitalista? Voltamos a Hegel: o que significa uma *época de crise*. Um paroxismo criador ou desenlace final – e o que ela revela? Por aqui nos aproximamos de novo do nosso tema central. Nunca o capitalismo foi tão poderoso, nunca a denominação de classe burguesa, o poder político burguês e o Estado burguês foram, a um tempo, tão *flexíveis* e tão *autoritários*: se irradiam mais, por toda a sociedade, e vão ao fundo da consciência individual e coletiva, do comportamento e da imaginação do *indivíduo isolado* e da *massa*. Muitos autores põem em dúvida que esse apogeu represente ao mesmo tempo o fim, naturalmente o fim histórico, o desfecho de um padrão de civilização industrial que, agora, parece pronta para ser substituída. Dois diagnósticos merecem ser contrapostos a esse, que brota do pensamento conservador criado pela civilização em crise. Primeiro, o de J. Schumpeter:

> o próprio êxito do capitalismo mina as instituições sociais que o protegem e criam 'inevitavelmente' as condições nas quais não lhe será mais possível sobreviver e que indicam claramente o socialismo como o seu herdeiro presuntivo.[23]

O outro é longo e coloca em linguagem atual o diagnóstico da "bancarrota do capitalismo" em termos marxistas:[24]

> De acordo com Vauvenargues, a hipocrisia é a homenagem que o vício presta à virtude. Por analogia, pode-se dizer que a crescente prática da intervenção do Estado na economia constitui uma homenagem involuntária que o capital presta ao socialismo.
>
> Na verdade, a crescente intervenção do Estado na economia, o crescimento de um setor 'público', e mesmo a nacionalização de certos ramos não lucrativos da indústria não importam em 'socialismo'. Uma economia não pode ser 'um pouco socialista' tanto quanto uma mulher não pode ser 'um pouco' grávida. A intervenção do Estado, a administração da economia, operam dentro dos quadros do capitalismo,

---

[23] *Capitalisme, socialisme et démocratie* [Capitalismo, socialismo e democratização], *op. cit.*, p. 90.
[24] E. Mandel, *Marxist economic theory* [Teoria marxista econômica], trad. B. Pierce, New York, Modern Reader, 1970, II, p. 541-543.

com vistas a consolidar os lucros capitalistas, ou pelo menos aqueles setores essenciais dos monopólios capitalistas. Se ao mesmo tempo eles possuem o efeito, a longo prazo, de solapar os alicerces do regime, essa não passa de outra manifestação das contradições que estão extinguindo o capitalismo. Em sua fase de declínio, o capitalismo intensifica o número de suas contradições intrínsecas. Ele intensifica a contradição entre a produção socializada e a apropriação privada. A socialização da produção assume uma forma particularmente óbvia na tentativa de incorporar todas as atividades da nação em *orçamentos econômicos, em quadros nacionais de balanço*. Entretanto, *reconhecer* de fato oficialmente, deste modo, a socialização da vida econômica, é uma coisa, e outra *abolir* a propriedade e a administração privadas da economia, as quais impedem sua organização racional.

Ele intensifica a contradição entre o caráter organizado, planificado, do processo de produção *dentro da empresa*, o truste ou ramo da indústria, e a anarquia da economia capitalista *como um todo*. A ideia de planejamento é aceita e praticada pela burguesia; com efeito, pode-se dizer que ela tem uma origem burguesa. Mas a burguesia somente a aceita e a adota nos limites em que ela não ameaça o *motivo de lucro*, que não atinge o todo da vida econômica, substituindo a produção que visa à necessidade de produzir para o lucro.

Ele intensifica a contradição entre a unificação internacional progressiva da economia e a retenção dos motivos do lucro capitalista que determinam a operação internacional do capital. O problema do subdesenvolvimento choca a consciência do mundo. A subcapitalização é admitida como a causa desse fenômeno. A supercapitalização dos grandes países capitalistas é tão acentuada que se tornam necessários enormes gastos com o fito de salvá-los de estagnação de longa duração. Ainda assim, não obstante, nenhum esforço real é tomado, nem ele poderia ser tomado, para fomentar a *industrialização* dos países subdesenvolvidos de uma maneira *desinteressada*.

Ele intensifica a contradição entre a tendência de expansão das forças produtivas e os obstáculos que bloqueiam esse avanço, nascidos da própria existência do capital. Deveria ele escapar delas estimulando a compra de seus produtos? Nesse caso, a lucratividade da operação é ela própria posta em questão. Deveria ele escapar delas aumentando o investimento improdutivo? Nesse caso, a lenta desvalorização da moeda terminaria por criar uma estagnação de longa duração da qual o sistema tenta escapar desde o começo. Nunca, em uma escala mundial, surgira um contraste tão gritante entre a riqueza potencialmente ao alcance de toda a humanidade, e a pobreza humana, conjuntamente com um desperdício e subemprego de recursos humanos e técnicos, como existe hoje. Se os homens não aprenderem a reorganizar a sua sociedade de acordo com os mesmos métodos científicos que os capacitaram a ganhar esplêndidas vitórias sobre a natureza, as forças produtivas ameaçam transformar-se, de novo, e desta vez, finalmente, em forças de destruição coletiva, de guerra nuclear.

[Explicar e expandir as duas citações]. Temos, pois, de enfrentar três questões distintas, nesta exposição conclusiva. Primeiro, por que se cometeram erros de interpretação quanto à capacidade de resistência e de flexibilidade do capitalismo, ao nível da empresa e ao nível do controle global da sociedade e do sistema de poder capitalista? Segundo, onde residem os elementos estruturais da exacerbação do "despotismo burguês" nos dois níveis, ou seja, no seio da empresa e do controle global da sociedade (e, hoje, de um sistema capitalista mundial de poder)? Terceiro, a combinação, apontada tantas vezes, de uma crescente flexibilidade com uma crescente exacerbação do "elemento autoritário" poderá "salvar" o capitalismo? Ou, ao prolongar a sua duração, não se faz mais do que dilatar uma agonia que se torna cada vez mais ameaçadora para a própria sobrevivência da humanidade (para não falar da "civilização moderna")? Estaríamos diante de uma compulsão destrutiva de classe tão violenta que veríamos a burguesia confundir a sua autodestruição com a destruição de tudo o mais?

★★ Quanto ao primeiro tópico, é evidente que os economistas, os historiadores e os filósofos sociais do século XIX – e aqui devemos pôr maior ênfase nos críticos da economia liberal e nos socialistas "utópicos" ou "científicos" – mal estavam vendo uma *sociedade de classes* consolidar-se. Tomando-se Marx e Engels como ponto de referência, o que eles tinham como referência para a análise de uma *"classe dominante"*: ou a nobreza da sociedade feudal ou a burguesia revolucionária "europeia", ou a burguesia relativamente impotente da Alemanha. A sociedade feudal produziu a sua *classe dominante* e esta tentou impedir a história, a desagregação do feudalismo e a transferência do poder econômico, social e político para a burguesia. No entanto, a base material de poder da nobreza feudal era limitada, fragmentada, o que redundava em uma capacidade de dominação estamental relativamente fraca e de concentração do poder político estatal insuficiente. O inverso ocorreu com a burguesia, que começa concentrando e centralizando o poder econômico, no plano da empresa, e criando um Estado capaz de unificar nacionalmente a dominação de classe e a hegemonia política da burguesia. Pondo-se de lado as variações históricas, que separam as várias burguesias da Europa, aliando-se à nobreza ou opondo-se a ela, a burguesia deu origem a uma realidade estrutural e histórica nova. Quando o pêndulo da história oscila e a crise profunda sobrevém, temos uma *classe dominante* como nunca existiu anteriormente na história. Por várias coincidências, a transformação capitalista ainda melhorou as potencialidades de autodefesa e de ataque dessa *classe dominante* (por meio das sucessivas revoluções científicas e tecnológicas, da última etapa do capitalismo monopolista e da internacionalização do sistema de poder capitalista). Em contrapartida, como e enquanto *classe dominante* a burguesia conseguiu impor sua ideologia à classe operária, ao movimento sindical e aos partidos socialistas, reformistas ou revolucionários. Portanto, temos um quadro peculiar. Como *classe dominante*, a burguesia está condenada a atrelar-se ao pensamento conservador e à contrarrevolução. Contudo, pode fazer isso apoiando-se em uma ampla base econômica, social e política, arrastando com ela uma imensa parte da pressão popular e, mesmo, da classe que deveria ser especificamente *revolucionária*. Isso quer dizer que a condição estática e contrarrevolucionária de *classe dominante* foi superada para sempre? Que não existe mais, sob o capitalismo monopolista internacionalizado e o Estado capitalista que o sustenta, no centro e na periferia, lugar para uma *classe revolucionária*? Parece-me óbvio que não. O que não tem lugar são certos paralelos históricos, filosóficos e sociológicos. O que parecia ser a *revolução final*, à luz da capacidade negadora do proletariado do século XIX e da capacidade de resistência da burguesia gerada pelo capitalismo competitivo nas nações industrializadas da época, não passou, na verdade, de uma *crise de crescimento* do próprio capitalismo industrial e financeiro. Mesmo no início do século XIX os analistas mais finos cometeram equívocos. As contradições que opunham as forças produtivas do capitalismo às estruturas do sistema de produção e da sociedade ainda podiam *ser resolvidas* "dentro da ordem", por meio de potencialidades de mudança da empresa que surgiram com o capitalismo monopolista ou dos dinamismos que este gerou nos últimos quarenta anos. O que não pode ser "resolvido dentro da ordem" é o tipo de contradição gerado mais recentemente, que repõe a análise prospectiva de Marx em novas bases (conforme antes, a explicação de Mandel). Ninguém pode negar que o capitalismo ainda pode *crescer* e *perpetuar-se*. Porém, não pode mais impedir que a lógica da *classe dominante* se volte agora para a burguesia que, ao atingir o máximo de poderio, condena-se à extinção. Vítima do "êxito" ou do fato que as forças produtivas socializadas têm de abrir o seu caminho passando por cima da *classe dominante* e guiadas por uma *classe revolucionária?* É provável que o poder dessa classe dominante, tão especial, pode conferir-lhe uma faculdade destrutiva sem precedentes e que ela enterrará com ela o seu "próprio mundo". Mas, qual é o *seu* mundo? Uma parte da Europa e das Américas! Como a decadência da Roma Imperial, a contrarrevolução em escala mundial da burguesia de nossos dias poderá ser fatal para a Europa "moderna", os Estados Unidos e algumas nações capitalistas atreladas ao seu fastígio.

***   Quanto ao segundo tópico, uma *classe dominante* posta em questão não tem como conter a "dominação racional" em limites racionais! Esse é um paradoxo, ao mesmo tempo estrutural e histórico. A racionalização penetrou fundamente ao nível da produção (e, portanto, de organização, funcionamento e transformação da empresa) e, por causa da interdependência entre as funções de acumulação e as funções de legitimação do Estado capitalista, ela tende a penetrar cada vez mais aos níveis da circulação e do solapamento da base institucional que bloqueia as forças produtivas geradas pelo capitalismo monopolista da era do imperialismo. O que quer dizer que os mecanismos de *defesa da ordem* são igualmente repressivos e opressivos – ao nível da empresa, da sociedade global e das relações internacionais entre nações capitalistas desiguais. Ao que parece, o chamado "pluralismo" é possível no centro e permite conciliar a democracia constitucional, representativa e parlamentar com o "emburguesamento", a cooptação institucionalizada direta e indireta das demais classes. Essa corrupção organizada e profunda possui limites e eles se acham no próprio eixo elementar da propriedade privada e do capitalismo privado. Uma oscilação maior na direção do *Welfare State* e das funções de legitimação do Estado capitalista forçará, sem dúvida, um desequilíbrio fatal entre os dois tipos de função. Tal desequilíbrio terá de repercutir politicamente nos ritmos históricos da contrarrevolução, forçando a *classe dominante* a apertar os cravelhos. Nesse caso, ela ficará à mercê das próprias forças irracionais da contrarrevolução, que nascem do enlace entre o despotismo burguês, a dominação burocrática e a tecnocratização generalizada (tão concentrada ao nível da empresa privada, quanto no das demais instituições-chave e, em particular, do Estado). Isso repõe o problema da relação entre o elemento autoritário, intrínseco ao capitalismo, e as formas de concentração do poder e da violência que ele tende a alimentar, quando exposto a uma pressão crescente e incontrolável. Note-se bem. Nada de imaginar-se um capitalismo que se esvai e que explode como uma caldeira. Ao contrário, trata-se de uma contrarrevolução que tenderá a avolumar-se, a crescer, alimentar-se de si própria, a comer as próprias entranhas. Em um primeiro momento, superada a crise que levou ao fascismo, pareceu que o capitalismo recente prescindia da contrarrevolução. Vendo-se o quadro nos países centrais e na superpotência, o que se inferia era uma "guerra preventiva" contra o *inimigo externo* e o *inimigo interno*, ligados conspirativamente entre si. O cerco capitalista tinha viabilidade e eficácia. A *democracia forte* surgia como um limite, que circunscrevia o elemento irracional e eliminava o fascismo "para sempre". Em um segundo momento, *depois* da "guerra suja" do Vietnã, esse quadro se alterou. A "democracia forte" oferece uma grande elasticidade para a operação e a expansão do "fator autoritário". Contudo, a "democracia forte" é internamente frágil (o que se demonstrou: Giap queria ganhar a guerra psicologicamente, *dentro dos Estados Unidos*); e ela não pode ser "exportada" juntamente com outras técnicas, instituições, valores e processos (a incorporação não pode gerar dinamismos ultracomplexos nas nações capitalistas da periferia, quando muito pode proteger os dinamismos existentes, por controles externos – inclusive militares – e ajudar a expandi-los, sob a pressão de um tempo limitado). Portanto, o capitalismo recente pode resguardar-se – por quanto tempo? – do agravamento de suas contradições, o qual viria com uma oscilação da "democracia forte" na direção do fascismo. Não obstante, a história da humanidade não é mais *localizada*. Além dos centros imperiais e da parte da periferia capitalista *viável*, há o resto do mundo e da humanidade. A contrarrevolução fortalece a *classe dominante*. Contudo, circunscreve as linhas, os limites e, mesmo, a duração de semelhante fortaleza. Apesar do seu poder unificado e concentrado, em escala nacional e mundial, a burguesia repete, em outras circunstâncias, a história fundamental da *classe dominante* feudal. Ela não tem castelos. O que não impede que ela se torne prisioneira de sua capacidade de autodefesa e de luta preventiva, como se estivesse encapsulada e a principal ameaça não viesse nem do "inimigo interno" nem do "inimigo externo" mas da contrarrevolução em si mesma. No extremo-limite, a irracionalidade desta exporá a *classe dominante* a uma derrota imprevista e humilhante, como se o seu fim tivesse de ser uma espécie de esfarelamento. Algo imprevisto dentro de uma ótica durkheimiana (sob as implicações das estruturas e dinamismos da *solidariedade orgânica*). Mas coerente com a interpretação marxista, de contradições que podem ser absorvidas sob a condição de *crescerem,* de *se agravarem* e de produzirem um *desmoronamento final*. As tecnoestruturas, que expandiram o elemento autoritário e irão engendrar uma nova modalidade de fascismo (sem orgias ideológicas e mobilizações monumentais), serão instrumentais para esse desfecho (como o foram para os rumos tomados pela solução da "guerra suja" em dias tão recentes).

**** A última questão é tão complexa que exigiria, por si mesma, todo um curso. Ela nos põe diante do presente como *época histórica,* recolocando o tema da relação entre estrutura e história. Na verdade, por mais poderosa que seja, na fase de autodefesa extremada, em que se torna, sem saída possível, contrarrevolucionária, pode uma *classe dominante* deter a história? Se isso fosse possível, a *classe dominante* não deteria apenas o "fluxo da história"; ela conteria as estruturas da economia, da sociedade e do Estado em um determinado nível de de desenvolvimento. O que equivaleria a *congelar* o desenvolvimento da humanidade no plano estrutural. As grandes civilizações terminam, em regra – quando não se trata de uma destruição provocada por outra civilização mais complexa, envolvente e poderosa – em um patamar desse tipo. Todavia, tal diagnóstico seria superficial, aplicado à civilização industrial produzida pela ciência e pela tecnologia científica. Se a ciência e a tecnologia científica ficaram prisioneiras da *ordem,* do lado capitalista, isso não sucede com a história que mal começa do lado socialista, em que a *revolução* se instaura e cria condições para liberar a expansão da ciência, da tecnologia científica e dos critérios de um *humanismo socialista,* que mal começa a despontar. Portanto, temos de proceder com cuidado nas interpretações e apanhar as contradições que não nascem da morte das estruturas, mas do movimento para a frente pelo qual as estruturas que se metamorfoseiam definem a nossa "época histórica" em face das demais, do passado recente ou antigo e do futuro. Procedendo com semelhante circunspecção, dois tópicos merecem delimitar sociologicamente a nossa posição interpretativa. Primeiro, é o que diz respeito ao poder relativo de uma *classe dominante,* que se vê condenada a recorrer, simultaneamente, à "expansão capitalista" sem freios e à "contrarrevolução em escala mundial". Podemos e devemos abstrair várias condições e efeitos essenciais [meramente reiterativos nesta parte do curso]. Muitos têm feito uma confusão ingênua quanto à catástrofe prevista por Marx. O que é central, para o pensamento que ele encarnava, era a ideia segundo a qual "a humanidade não se propõe nunca senão os problemas que ela pode resolver, pois, aprofundando-se a análise, ver-se-á sempre que o próprio problema só se apresenta quando as condições materiais para resolvê-lo existem ou estão em vias de existir".[25] Essa afirmação precisa ser posta no contexto histórico atual, em que a crise do capitalismo expõe a contradição entre as *funções de acumulação* e as *funções de legitimação* da dominação burguesa e do Estado capitalista a um beco sem saída. O bloco no poder poderá apelar, no plano nacional e ao nível

---

[25] *Crítica,* trad. Fernandes, *op. cit.,* p. 31-32.

mundial, à fórmula "après moi de déluge" [depois de mim, o dilúvio]. Essa é a lógica do complexo industrial-militar, do chamado Estado militarista do centro e da periferia ou da estratégia global de luta contra o comunismo. No, entanto, o fato mesmo de que as duas funções estejam tão enredadas e que o bloco no poder não possua como deslindá-las, manipulando-as a bel prazer, sugere algo fundamental. As duas funções se opõem e elas cindem a sociedade capitalista, apesar de todo o emburguesamento das outras classes, de toda a cooptação direta ou indireta, de toda a alienação suscitada pelo ópio da educação, da comunicação de massa e da fragmentação mental dos oponentes no plano político. Se se vai ao fundo da análise, o que se vê são funções de acumulação que perduram graças a um desgaste constante e crescente, que não nascem do *êxito* mas do *malogro* do capitalismo. Por não possuir uma "face humana", este cresce e se perpetua absorvendo os seus contrários, em suma, envenenando-se e destruindo-se. Essa é a consequência da importância incontrolável e da predominância fatal das funções de legitimação, que introduzem um contrabando socialista cada vez maior e, por conseguinte, uma corrupção incontida do capitalismo no mundo da contrarrevolução burguesa. Trata-se de algo paradoxal. Muitos indagam se por aí também não se corrompe o próprio socialismo. Retomando-se a atitude de Marx e Engels diante das vias da revolução burguesa na Europa ou as de Gramsci sobre os caminhos da desagregação do poder capitalista nas sociedades burguesas efetivamente "pluralistas" e "democráticas", o que se deve pôr em primeiro plano é o impacto destrutivo das forças que desagregam o capitalismo *a partir de dentro*. O que acontecerá, em seguida, irá depender de outros processos, de reconstrução do mundo por forças que serão ou menos reacionárias e contrarrevolucionárias, ou revolucionárias. A infiltração é dolorosa e corrompe a "transformação do mundo". Porém, não a impede. Ela está ocorrendo. O que quer dizer que, como *classe dominante*, mesmo na era do seu fastígio em poder econômico, cultural, militar e político, a burguesia não pode ligar indissoluvelmente a sua destruição com a destruição da civilização de que ela é portadora e principal exploradora. O segundo tópico coloca-se como uma sequência. A contrarrevolução da burguesia como *classe dominante*, embora ativa e impiedosamente nos planos interno e externo com a base material do capitalismo monopolista e a base de poder do imperialismo que ele gerou, enfrenta duas resistências também simultâneas. No plano interno, um formidável conglomerado de forças insatisfeitas e que não questionam o capitalismo em si mesmo, mas as suas "funções de legitimação" – ou seja, a sua irradiação democrática, igualitária e, porque não dizer, socialista. A qualidade da vida que se abre por aí e que tende a se propor como um crescente desafio crítico, pois implica uma nova interrogante: o que deveria ser, não o capitalismo com suas funções de acumulação, mas o "humanismo socialista" na etapa em que nos encontramos, de desenvolvimento da ciência, da tecnologia científica e do pensamento racional. No plano externo, há o desafio do crescimento do mundo socialista, agora policêntrico e, portanto, impossível de ser localizado como uma "alternativa igual" ao imperialismo. Países que enfrentam os dilemas de revoluções socialistas que saíram na crista do desenvolvimento desigual e combinado e do socialismo de acumulação, que "socializam a miséria" – como se quis dizer com falsa ironia sobre Cuba –

porém que repõem o debate político central para o Ocidente da "qualidade da vida" e da "democracia plena". Portanto, de fora para dentro ocorre um cerco socialista, que, se justifica o pânico burguês e a contrarrevolução capitalista em escala mundial, também gera a revitalização do pensamento criador e das soluções para as quais o mundo já está maduro. Não se trata mais de sacrificar as funções de legitimação às funções de acumulação, mas de ganhar terreno fora e acima desse circuito. O que completa o paradoxo. É no centro do mundo capitalista que a efervescência da construção teórica do socialismo tende a se concentrar. Não mais o "socialismo que libertaria o operário escravizado de seus grilhões", porém um socialismo novo, que se inculca – e tem de inculcar--se, para expandir-se e enfrentar as exigências da situação – o patamar mais complexo de um igualitarismo e de um humanismo socialista totais. Volta-se à ideia de liberação da humanidade. Todavia, o socialismo revolucionário (ou mesmo reformista) não rejeita mais a *dimensão utópica,* pois já se pode prever qual é a organização e a qualidade da vida humana em uma sociedade socialista em nossa época.

O ESTADO NA "TRANSIÇÃO PARA O SOCIALISMO"[1]

Esta parte, de acordo com o número de unidades--didáticas de que iremos dispor (não quatro, mas três), será sumariada da seguinte maneira:
1. Autoritarismo e socialismo.
2. O cerco capitalista.
3. As revoluções socialistas do século XX: Os dilemas do "socialismo de acumulação".

1. Autoritarismo e socialismo
★   As correntes socialistas herdaram as palavras de ordem revolucionárias da revolução burguesa. Todavia, despojaram essas palavras de ordem da contaminação capitalista e da chamada "traição da burguesia" (uma traição considerável, quando se leva em conta o que ocorreu com

---

[1] Ver nota na *Explicação* de Florestan Fernandes sobre as alterações no programa em que a última questão foi absorvida pela penúltima, tornando o terceiro tema mais inclusivo e forçando uma elaboração mais ampla do segundo tema, p. 34.

a "grande constituição" bem como a natureza e os limites da *democratização* na evolução subsequente do capitalismo). Portanto, entre o início e a metade do século XIX se consuma a clarificação do discurso socialista: as críticas se aprofundam e se radicalizam – e, na medida em que a burguesia se metamorfoseia de *classe revolucionária e em consolidação* para *classe dominante,* as palavras de ordem que ficam, no plano estratégico, deixam de ter qualquer vinculação com a reprodução e o fortalecimento da *sociedade de classes.* As correntes e os movimentos socialistas lutam pela liberdade, pela fraternidade e pela igualdade. Todavia, associam essa luta a um *anti* e a um *contra* que passam pela desagregação da dominação direta de classe e do monopólio do poder político por parte da burguesia. O que se visa a eliminar: a propriedade burguesa; as instituições que organizam social, econômica e politicamente essa propriedade, assegurando a concentração do poder econômico, social e político da burguesia como classe dominante; as modalidades de opressão e de repressão resultantes; o ser humano como "instrumento", "meio" e "lobo" de outro ser humano.

É deveras importante apanhar a natureza sociológica desse movimento histórico no plano profundo das *utopias* em choque. Ao converter-se em *classe dominante* nem por isso a burguesia deixa de vincular o seu destino e a sua concepção do mundo à utopia que protagonizou primeiro revolucionariamente, em seguida de modo progressista, mais tarde de maneira reacionária e contrarrevolucionária. Uma classe se transforma; contudo, no jogo teatral da história não pode livrar-se de sua utopia. Esta só desaparece quando aquela deixa de existir. O que muda, quanto à utopia (como o eixo de gravitação de um sistema axiológico), são as relações entre as classes e o que elas fazem (e deixam de fazer) com a sua carga utópica. Pela mesma utopia se descreve toda a tragédia e toda a degradação do mundo burguês: como se passa, numa evolução tempestiva mas gradual da "revolução" para a "consolidação", a "reação" ou a "contrarrevolução". Ao longo desse processo, a utopia burguesa se esvaziou e transmutou-se no seu inverso. A consciência burguesa, não obstante, não apanha tal degradação. Ela aferra-se formalmente à sua utopia, como se esta mantivesse o mesmo conteúdo e a mesma realidade, desenhando a missão "civilizadora" e "humanitária" da burguesia.

Esse plano de análise é fundamental porque ele permite separar, de uma vez por todas, *quem fica com o quê*. É comum deparar-se com proposições mistificadoras que identificam o liberalismo com a história como "consciência da liberdade em realização" e o socialismo como puro "ódio de classe". Apanhando-se a história moderna no plano dessa análise verifica-se, ao contrário, que a burguesia ossifica sua utopia original, recorrendo a ela apenas com uma compensação psicodinâmica e, alternativamente, como um fator de credibilidade ou como uma mistificação calculada, a um tempo cínica e incongruente. Tudo isso tinha de ser fatal, na medida em que não poderia haver relação possível entre a *sociedade burguesa* da fase revolucionária, e a *sociedade burguesa* da fase de consolidação (para não se falar em fases posteriores de autodefesa e imposição). Aceitar esse fato seria o mesmo que negar legitimidade à dominação burguesa e ao monopólio burguês do poder. As teorias burguesas continuam rentes ao seu fundamento utópico, que não é posto em questão, e registram as variações que oscilam ao nível ideológico, como parte de uma contabilidade racional de controle externo da situação e de dominação direta ou indireta de classe. Aí está a quintessência da "hipocrisia burguesa". Sem ela, pense-se o que se quiser, não teria havido nem "história moderna" nem as evoluções conhecidas do capitalismo. A burguesia não ignora que a sociedade de classes é uma sociedade antagônica. Se ela prevaleceu (além de sobreviver), foi porque se revelou capaz de combinar esse conhecimento prático e teórico com a anulação, o abortamento ou a corrupção de todas as polaridades utópicas de negação da ordem que poderiam nascer no seio das classes burguesas. Isso não eliminou as classes burguesas da história. Deu-lhes, tão somente, papéis históricos distanciados da "utopia central", reduzida a uma linha de limites além dos quais não deveria passar qualquer concessão ou conciliação de classe.

O inverso disso ocorre com as correntes socialistas e com o seu impacto sobre o movimento operário. A utopia da qual a burguesia se apossou – e chegou a enredar com sua visão do mundo e com a teoria ou a prática da *democracia burguesa* – é rapidamente "descontaminada" ou "purificada". Liberdade, fraternidade, igualdade – porém, fora e acima de uma organização econômica, social e política que *se mostrara incompatível com tal utopia*; isto é, dissociando-se a utopia do arcabouço fornecido por uma sociedade de classes antagônica. Muitos dos pioneiros e dos fundadores do socialismo tiveram a intuição elementar desse processo, o mesmo sucedendo com alguns dos mais simples "críticos do capitalismo" e dos chamados "socialistas utópicos" (na linguagem de Engels). Dessa perspectiva, que como realidade histórica vem a ser uma antecipação marcadamente francesa, a REVOLUÇÃO vinculada à formação e desenvolvimento da "civilização ocidental moderna" desvencilha-se da classe que deixou de ser revolucionária para protagonizar outros papéis como *classe dominante*. Em outras palavras, na história dessa civilização, a utopia que deveria dimensionar a sua grandeza muda de mãos. É nas correntes socialistas, no movimento operário e na inquietação das classes subalternas que se deverá procurar a congruência entre utopia e história, entre um sistema axiológico fundamental e a *revolução permanente*. Aqui, a utopia não legitima nem racionaliza uma dominação de classe nem o monopólio do poder. Ela desata a luta contra o ponto morto que se criou, de modo irreversível, entre certos valores essenciais e a ordenação das relações sociais. Na verdade, tal luta não se traduz como uma simples "consciência da liberdade em realização" (ou em vir a ser). A qualidade da burguesia como *classe dominante* e a natureza de seu poder econômico, social e político sobre o resto da sociedade não deixava alternativa para a criação de um "direito revolucionário" para as classes subalternas. [Apesar do que escreve Engels, na introdução a *As lutas de classes na França de 1848 a 1850*, de K. Marx – "o direito à revolução é o único 'direito histórico' real, o único sobre o qual repousam todos os Estados modernos sem exceção".[2] Pois a burguesia não deixa espaço para o aparecimento, maturação e generalização de um *direito revolucionário* que as classes operárias pudessem brandir *contra a ordem existente*. O que faz com que a criação de um direito revolucionário, na época atual, só ocorra depois da tomada do poder pelos socialistas]. E, muito menos, não deixava um "espaço histórico" para que as classes subalternas pudessem operar através dos

---

[2] K. Marx e F. Engels, *Textos,* São Paulo, Edições Sociais, 1977, vol. 3, p. 107. [Há edição recente em português: *A revolução antes da revolução. Vol. II.* São Paulo: Expressão Popular, 2008].

centros de poder econômico, das fontes de dominação social e dos focos do poder político. O que não logrou a *camada dominante* na sociedade feudal, conseguiu a *classe dominante* na sociedade capitalista: colocar fora da lei a contestação da ordem existente, forçando-a a adaptar-se a condições que a enfraqueciam e, com frequência, facilitavam ou permitiam a sua assimilação pura e simples. Nesse sentido, a racionalidade e a legitimidade burguesas mostraram-se armas terríveis e imbatíveis, pois, ao alargar-se, a ordem afogava as rebeliões e a revitalização da utopia revolucionária. O que nos interessa, nesse amplo quadro, são as polaridades utópicas manejadas pelas correntes socialistas, pelo movimento operário, pelas classes subalternas. Se não equivalem a uma "consciência da liberdade em realização" elas também não evocam o fenômeno rudimentar da destruição irracional. Elas não trazem consigo um surdo e cego "ódio de classe". Ao contrário, o elemento anticapitalista e antiburguês vem à tona emaranhado a dois movimentos entrecruzados e interdependentes: um, de criação de condições materiais, sociais e políticas de reposição dos ideais de liberdade, fraternidade, igualdade na história (o que implica, na medida e nos limites em que isso se concretiza, *destruição* de certas condições da ordem existente ou ânimo para fazer isso); outro, de construção de uma economia, de uma sociedade e de um Estado novos, em suma, de *um novo homem* (o que implica, pelo menos em teoria, a transformação da utopia em força histórica – e em força histórica de real libertação do homem no *sentido positivo*: uma sociedade na qual a liberdade, a fraternidade, a igualdade não seriam entravadas e destruídas por uma minoria, em nome da maioria, por causa das estruturas e dinamismos de uma sociedade de classes intrinsecamente antagônica). Toda revolução possui as duas polarizações e o que nos interessa é o sentido no qual as polaridades utópicas atuam. Não é a "inveja", o "rancor", a vontade de "encher a barriga" ou de "liquidar o espírito" que impulsionam o comportamento revolucionário descrito (como potencialidade ou como atividade concreta). De fato, tanto o "combate à miséria" e "à exploração", quanto a "destruição da opressão" ou "da repressão" representam prelúdios para qualquer instauração da "verdadeira solidariedade humana" que se funde na existência da liberdade para *todos*, na fraternidade entre *todos*, na igualdade também entre *todos* (ou, em outras palavras: supondo-se que se possa eliminar os efeitos inibidores e paralisadores da propriedade privada, do homem como meio e instrumento de outro homem, do despotismo dos ricos e poderosos).

Como consequência, o advento do socialismo não é o equivalente de uma hecatombe (a não ser para a burguesia como *classe dominante*; inclusive esta, em um sentido mais amplo, seria libertada das cadeias que a prendem às iniquidades econômicas, sociais e políticas inerentes ao capitalismo e à sociedade de classes). Em termos da civilização ocidental moderna, haveria um salto qualitativo, que não pode ocorrer enquanto a utopia central não for dinamizada pela maioria e para o benefício da totalidade. Pela primeira vez, na história do ser humano, teríamos uma nova interação entre natureza e cultura, trabalho manual e trabalho intelectual, necessidade e liberdade. O equilíbrio entre tais esferas se estabeleceria de um lado pelo desaparecimento das relações antagônicas, de outro pela criação de uma sociedade em que a liberdade, a fraternidade, a igualdade não sofreriam inibição ou castração. Portanto, a utopia não oferece o "plano do mundo perfeito":

ela delimita o que é necessário eliminar e destruir, e o que é preciso respeitar e construir para que o ser humano seja a "medida" da sociedade, bem como para que a sociedade não esbarre no ser humano como em uma "barreira estanque".

★★ Se se põe de lado o conhecido contraste entre "socialismo utópico" e "socialismo científico" e se encara as funções de uma utopia que poderia alimentar mais que uma *revolução social,* nessa apresentação concatenamos o que se poderia designar como a base utópica fundamental do socialismo. Ela une, em algum nível, correntes socialistas que entram em conflito por questões doutrinárias ou de tática e de estratégia. Não nos cabe discutir tão vasto tema aqui. O que é preciso ressaltar é o elemento central. Enquanto o capitalismo coloca a sua pedra de toque na propriedade privada, no motivo da ambição pessoal e na competição institucionalizada pelo lucro e/ou pelo poder, o socialismo ser volta para a liberação do ser humano, a solidariedade como fundamento do amor e da felicidade, a igualdade como força básica da personalidade e da sociedade. Para um, a riqueza e o poder constituem o dínamo da história e o motor do crescimento da civilização. Para o outro, enquanto existirem riqueza e poder, estamos em plena pré-história da civilização. O homem só pode surgir como "senhor da natureza e da civilização", combinar sua capacidade de fazer e de inventar, estabelecer uma relação recíproca entre "necessidade" e "liberdade", rompendo com a riqueza e o poder nos dois planos simultâneos do individualismo egoístico e da supremacia dos pequenos números (ou seja, o despotismo das minorias).

Temos aí o que se poderia chamar de "a grande virada da história" no século XIX. Dois "idealismos históricos" emergem e se contrapõem irremediavelmente, a partir das mesmas condições externas impostas pelo modo de produção capitalista e pela estrutura antagônica da sociedade de classe. É importante entender bem a natureza desses dois idealismos e as consequências insanáveis de sua oposição no plano utópico: enquanto um se "revolta contra a história", voltando-se para a perpetuação e o reforço (mesmo pela força bruta) das estruturas sociais; o outro se "identifica com a história", tentando irromper como um elemento de "transformação do mundo", ou seja, de destruição e reconstrução das estruturas sociais. Relações e conflitos de classes definem, assim, planos, níveis e ritmos da ação recíproca entre *história* e *estrutura* na evolução da civilização moderna. A utopia revolucionária, que nasce com esta civilização, opõe as classes possuidoras, capitalistas e burguesas às classes destituídas, trabalhadoras e assalariadas, mas *opõe de modo irreconciliável*. No movimento histórico concreto: a *consciência burguesa* (já como consciência de uma *classe dominante*) torna-se uma consciência mistificadora e crescentemente vazia (ela não pode negar nem superar a ordem existente, apenas pode adaptá-la a interesses de classes crescentemente conservadores e em marcha na direção de posições reacionárias e contrarrevolucionárias); a *consciência* operária (já como consciência de uma classe em si e para si e, em consequência, como uma *classe revolucionária*) torna-se uma consciência crítica e saturada historicamente (de negação da ordem existente simultaneamente voltada para a "revolução dentro da ordem", pela qual se desagrega a dominação de classe burguesa e o monopólio burguês do poder político, e para a "revolução contra a ordem", pela qual a classe revolucionária se organiza tanto para a *revolução social*, quanto para a *construção de um mundo novo* ou de *uma ordem nova*). São "idealismos históricos" incompatíveis e exclusivos.

Um não pode viver com o outro e, muito menos, realizar-se por meio do outro. O que significa que o reformismo representa, para a *classe dominante,* um processo de consolidação da ordem e de preservação da sua hegemonia, mediante a "transformação do capitalismo" (enquanto este não se esgota, o reformismo pode saturar essa função instrumental para a *classe dominante).* Para a *classe revolucionária* o reformismo representa uma etapa de pressão construtiva, de ampliação de seu espaço econômico, social e político, de conquista de posições estratégicas para o desencadeamento da "revolução socialista" (que fica em relação ou com o "esgotamento do capitalismo" ou com uma oportunidade histórica para acelerar a desagregação da ordem e "dar saltos", como ocorreu na Rússia, na China, na Iugoslávia ou em Cuba).

O "idealismo histórico" da *classe revolucionária,* sob o capitalismo industrial, jamais poderia ser a expressão de impulsões de ressentimento, de retaliação e de frustração. Se esse fosse o fato, no próprio processo reformista o capitalismo diluiria a compulsão negadora e revolucionária das classes trabalhadoras. Ao "satisfazer o estômago", ao tornar várias formas de propriedade privada "possíveis" e "gerais" ele compensaria a *inveja* ou anularia o ressentimento. Em suma, a abundância relativa e o consumismo em massa preencheriam as funções estabilizadoras que certos cientistas sociais, como W. W. Rostow e todos os epígonos da "modernização", supõem como certas e fatais (o que não se confirma mesmo a partir das nações capitalistas hegemônicas e de sua superpotência, como assinalamos em outra aula). Ora, o problema não é esse, em termos de dinâmica de civilização. A polaridade utópica revolucionária equaciona o que deve ser o humanismo específico da civilização moderna quando compatibiliza a liberdade, a fraternidade e a igualdade com a forma socialista de produção, de organização da sociedade e de autoadministração pela coletividade. As consequências insanáveis da oposição desses dois "idealismos históricos" no plano utópico são evidentes. Primeiro, nas fases iniciais de irrupção da *classe revolucionária* é possível conciliar suas reivindicações e pressões com a ordem existente. Nessas fases, de revolução dentro da ordem, o reformismo trabalha nas duas direções (sendo instrumental para as duas classes em presença). Contudo, esgotadas as possibilidades dinâmicas do reformismo, o que fica é o conflito de interesses (no plano ideológico) e o conflito de valores (no plano utópico), e o que passa a ser funcional para o capitalismo entra em conflito insanável com o socialismo; e vice-versa. Como escreve R. Miliband, a respeito do *Welfare State:*

> [...] o socialismo não lida com a assistência à pobreza, ao coletivismo marginal, à eficiência administrativa e à reforma social, que provaram ser possíveis dentro da estrutura capitalista, mas diz respeito à abolição do capitalismo como um sistema econômico e social; não se dirige à melhoria das condições da classe operária, mas à abolição dessa classe.[3]

A partir de uma certa etapa, ou o movimento operário e socialista avança ou ele perde a iniciativa e se destrói. As reformas de estruturas, anticapitalistas, marcam o novo caminho, em que o conflito dentro da ordem não pode ser contido pela opressão burguesa, evidenciando que "toda luta por reformas não é necessariamente reformista".[4] Em

---

[3] In: I. Deutscher e outros, *Problemas e perspectivas do socialismo,* trad. de M. A. de Moura Mattos e S. Santeiro, Rio de Janeiro, Zahar Editores, 1969, p. 67-68.
[4] A. Gorz, *Estratégia operária e neocapitalismo, op. cit.,* p. 13.

resumo, a conciliação entre capitalismo e socialismo é impossível – e não pode passar pela *classe revolucionária* gestada pela própria sociedade burguesa. Segundo, as técnicas de organização, de dominação e de uso do poder político da *classe dominante* se irradiam de cima para baixo, isto é, se difundem e se generalizam. Não devemos esquecer Marx: a ideologia da classe dominante se estende para toda a sociedade (e não só a ideologia). Todavia, tais técnicas só prevalecem enquanto cumprem papéis práticos, enquanto o próprio capitalismo se mantém, se transforma e se reproduz. Quando o conflito de classe atinge uma etapa em que a reforma se converte em uma força anticapitalista, a *classe revolucionária* passa a inventar e a aplicar a sua própria tecnologia social. Não estamos no vácuo, mas na história. Por isso, também aqui é preciso considerar várias etapas: a luta por um espaço político dentro da ordem, a tomada do Estado e a organização da dominação de classe e do poder da maioria, os momentos específicos de transição para o socialismo, a implantação do comunismo. Para muitos, a problemática central é a do Estado e da sua destruição final. Na verdade, essa problemática é mais ampla e apanha todos os aspectos da organização da economia e da sociedade, pois se trata da emergência de um novo padrão de civilização industrial, científica e tecnológica. Contudo, o Estado do bem-estar, o Estado proletário, o Estado socialista e a sociedade comunista marcam como se dá (ou se deverá dar) a transformação do mundo (ou seja, da "civilização moderna"), como nasce, se consolida e se impõe o humanismo socialista. O movimento tolera a absorção de várias formas de autoritarismo vigentes na sociedade burguesa. [nada de "hipocrisia burguesa" = *ditadura do proletariado* como uma realidade explícita = 1. para desagregar a ordem existente; 2. impedir a contrarrevolução, a partir de dentro e a partir de fora; 3. construir a nova forma de produção socialista, a sociedade correspondente e o Estado democrático proletário]. A médio e a longo prazos, porém, a oscilação não é só anticapitalista, ela é antiautoritária. Os resíduos do autoritarismo se preservam e até se exacerbam (o que parece impossível evitar: trata-se de uma resposta às várias modalidades de *cerco capitalista* ao movimento socialista e operário). Porém, o próprio autoritarismo como tal está condenado. Ele deve declinar sensivelmente nas fases mais adiantadas e complexas de transição para o socialismo – e desaparecer na "época comunista". Esse processo foi previsto:

> Uma classe oprimida é a condição vital de toda sociedade fundada no antagonismo das classes. A libertação da classe oprimida implica, pois, necessariamente, a criação de uma sociedade nova. Para que a classe oprimida possa se libertar, é preciso que as forças produtivas já adquiridas e as relações sociais existentes não possam mais existir lado a lado. De todos os instrumentos de produção, a maior força produtiva é a própria classe revolucionária. A organização dos elementos revolucionários como classe supõe a existência de todas as forças produtivas que podiam se engendrar no seio da velha sociedade.
>
> Quererá isto dizer que depois da queda da antiga sociedade haverá uma nova dominação de classe, resumindo-se num novo poder político? Não.
>
> A condição de libertação da classe trabalhadora é a abolição de todas as classes, do mesmo modo que a condição de libertação do Terceiro Estado, da ordem burguesa, foi a abolição de todos os estados e de todas as ordens.
>
> A classe trabalhadora substituirá, no curso de seu desenvolvimento, a antiga sociedade civil por uma associação que excluirá as classes e seu antagonismo, e não haverá mais poder político propriamente dito, pois que o poder

político é precisamente o resumo oficial do antagonismo na sociedade civil.[5]

2. O cerco capitalista

★ Há uma tendência bem marcada a restringir-se o conceito de "cerco capitalista" à última fase da "história das lutas sociais" (àquela na qual a existência de um Estado socialista define um marco mais complexo e mais rígido da autodefesa da *classe dominante* contra a irradiação do socialismo revolucionário). No entanto, o cerco não começa nesta etapa. Como vimos na aula anterior, a "civilização moderna" se caracteriza por um fato estrutural e dinâmico singular: ela gera uma utopia com dois polos, um de conservação, outro de revolução da ordem. Uma história "antagônica", que lança raízes nas mesmas estruturas e dinamismos sociais básicos. Por isso, precisamos remontar à corrente para apanharmos todas as facetas desse cerco, em vez de nos contentarmos com o aspecto que ele assume quando a luta de classes atinge um clímax em que o "novo" e o "velho" se revelam em toda a plenitude.

Há um problema de bibliografia: proceder a um *survey* exaustivo;[6] ou fazer uma reflexão sobre os resultados de análises tópicas.[7] Preferi o último caminho, suplementando

---

[5] K. Marx, *Miséria da filosofia,* trad. de M. Macedo, São Paulo, Editora Flama, 1946, p. 156. [Há uma edição recente em português: Miséria da filosofia - resposta à filosofia da miséria do Sr. Proudhon. São Paulo: Expressão Popular, 2009.]

[6] Por exemplo: H. W. Laidler, *Social-economic movements. An historical and comparative survey of socialism, communism, co-operation, utopianism; and other systems of reform and reconstruction* [Movimentos socioeconômicos. Um levantamento histórico e comparativo do socialismo, comunismo, cooperação, utopia; e outros sistemas de reforma e reconstrução], Londres, Routledge & Kegan Paul, 1948.

[7] Por exemplo, os estudos de K. Marx sobre *As lutas de classes na França de 1848 a 1850, O dezoito Brumário de Luís Bonaparte, A guerra civil em França. 1871. A Comuna de Paris;* os dois primeiros ensaios acham-se publicados *in:* K.

essas leituras com as reflexões de Engels (especialmente o escrito de 6 de março de 1895; introdução a *As Lutas*); e aproveitando materiais ou sugestões tomadas de G. D. H. Cole em *Socialist Thought*.[8] Esta última obra contém ótimas bibliografias selecionadas.

Nesse amplo contexto, é possível distinguir-se quatro tipos de cerco. Um, no qual a burguesia ainda aparece como classe em consolidação: a *República* (na perspectiva francesa, a mais significativa como foco de referência político) abre uma arena confusa de lutas pela *defesa da ordem* e de *lutas sociais* pela liberdade, fraternidade e igualdade. Por meio destas lutas, a classe trabalhadora iria aprender o que é uma *classe oprimida*, ou seja, a verdadeira natureza da opressão institucional, do "terrorismo burguês". Um pouco adiante, em escala europeia, a classe oprimida se confronta como tal com a burguesia como classe dominante: a partir de dentro da ordem, pressiona por reformas, por "transformações sociais". Em consequência, ameaça de modo direto ou indireto, pela pressão operária e pelo movimento socialista, o espaço político da classe dominante. A *legalidade* das lutas não exclui uma reação mais complexa ao uso conservador ou reacionário da violência organizada. Mais tarde, ocorre a inesperada Revolução Russa. Uma reviravolta na história,

---

Marx e F. Engels, *Textos*, v. 3, *op. cit.;* ou, para salientar a evolução inglesa: E. P. Thompson, *The making of the english working class* [A formação da classe operária inglesa], New York, Pantheon Book, 1964.

[8] Esp. v. 1, "The forerunners: 1789-1850" [Os precursores: 1789-1850], New York, St. Martin's Press, 1953. [para completar, pelo menos: M. Beer, *História do socialismo e das lutas sociais*, trad. de H. Mello, v. 1: "Antiguidade e Idade Média"; v. 2: "Tempos modernos e época contemporânea", São Paulo, Edições Livraria Cultura Brasileira, 1934; e esp. Jacques Droz (organizador), *Histoire générale du socialisme* [História geral do socialismo], Paris, 1972, Presses Universitaires de France, 4 vols.

graças à qual o socialismo deixa de ser uma "ameaça potencial". Contudo, os "comitês revolucionários" são contidos e neutralizados fora da Rússia: a *ordem nova* fica presa à fórmula do "socialismo em um só país". Ergue-se contra ela um novo modelo de cerco, voltado contra a irradiação do comunismo, pela qual se procura fragmentar a "revolução social" nos países capitalistas do centro e da periferia. Por fim, da crise de 1929 à Segunda Grande Guerra: a *alternativa socialista* se alastra. Colocado como um "rumo da história", o comunismo é combatido de forma implacável. No entanto, a erosão capitalista se intensifica, convertendo a China, o Vietnã, a Iugoslávia e Cuba nos novos símbolos de um policentrismo socialista. Contra essa ameaça, de alcance mundial, corresponde também uma luta sem quartel às soluções socialistas *revolucionárias* de plano mundial.

Esse é o nosso assunto para a presente aula. É claro que a enumeração proposta constitui uma redução simplificadora. Para os propósitos que temos em mente, porém, ela é suficiente. De um lado, ela permite ver como se elabora e explode a pressão revolucionária, nascida de relações e conflitos de classe que não podem ser evitados e suprimidos. Essa pressão gera uma tecnologia de ação revolucionária, que se esgota no próprio processo de transformação da ordem. Conhecida pela *classe dominante,* a referida tecnologia conduz as "lutas sociais", durante certo período – mas é então posta sob controle. Para continuar, a ação revolucionária precisa gerar novas soluções, ou seja, superar-se continuamente, para manter o "terrorismo burguês",[9] a pressão neutralizadora do Estado ou a contrarrevolução em constante recuo. De outro,

---

[9] Expressão tomada do escrito de Engels mencionado anteriormente.

ela evidencia e comprova que a violência da *classe oprimida* é, em sentido específico, uma contraviolência. Um "socialismo desarmado" nunca passaria de um "capitalismo condescendente" – dois limites irreais, pois, até o esboroamento da "Guerra Fria", a chamada *evolução pacífica para o socialismo* sempre significou uma supremacia da *classe dominante* para impor (ou negociar) suas concessões e submeter, no processo, a *classe oprimida*. Esse foco *dual* (*classe dominante* x *classe oprimida*) é estreito demais: na verdade, nos dois planos as classes se bifurcam e os setores intermediários entram no quadro estrutural e dinâmico dos conflitos de classe. No entanto, os dois polos condicionam e orientam os processos básicos e o sentido da irrupção (ou das irrupções), marcando os ritmos e as possibilidades da "reforma dentro da ordem" ou da "reforma estrutural" – que pode (ou não) tornar-se antiburguesa e anticapitalista. Nos limites de junção de estrutura e história, o conflito eclode, a violência autodefensiva aparece (e pode enrijecer-se) e a contraviolência criadora se corporifica. O autoritarismo inerente ao capitalismo acaba se impondo, no terreno prático, às correntes socialistas. O enlace faz parte das "exigências da situação".

** Antes de avançarmos um pouco mais em nossa discussão: convém sair de uma possível "caricatura do real". Há uma visão mecanicista da "evolução do socialismo" e das "lutas sociais". O condicionamento estrutural e os ritmos históricos exigem que se abra o quadro, *para apanhar o concreto como "síntese de muitas determinações, isto é, unidade do diverso"*. É impraticável ir-se tão longe quanto seria desejável em tal desdobramento (e o que seria vital para a discussão já foi ventilado, graças à análise da contrarrevolução em escala mundial). Entretanto, pelo menos duas questões precisam ser exploradas preliminarmente. A primeira foi formulada pelo professor T. H. Marshall, sob a temática geral de "cidadania e classe social".[10] A segunda diz respeito à relação das *classes médias* com a dinâmica de preservação ou de transformação da ordem.

A primeira questão é deveras importante neste debate: o capitalismo exigia o "trabalhador livre" (e, portanto, o *trabalho livre* e o *contrato*. K. Marx, primeiro, e M. Weber, mais tarde, salientaram muito bem as implicações dessa realidade para as relações e conflitos de classe sob o capitalismo). Marshall e Bendix (que também podem ser complementados por Karl Polanyi)[11] sugerem um quadro muito amplo: como se evolui dos *direitos civis* para os *direitos políticos*. O que nos interessa é a conquista dos direitos civis. Eles constituem uma faca de dois gumes. Armam as classes trabalhadoras da capacidade de transcender ao seu *status*, de afirmar-se dentro da sociedade capitalista em nome de uma pretensão legítima (não importa quão formal ela poderia ser, em dadas condições) de liberdade e de igualdade (primeiro, perante a "ordem jurídica", mais tarde dentro da "ordem política"). Ao mesmo tempo, essa mesma condição histórica articula as classes trabalhadoras à ordenação e aos processos de mudança da sociedade capitalista. Em suma, ao afirmar sua liberdade e sua igualdade *dentro da ordem* e

---

[10] *Cidadania, classe social e "status"*, trad. de M. Porto Gadelha, Rio de Janeiro, Zahar Editores, 1967, cap. III; veja-se, também, R. Bendix, *Nation-building and citizenship, studies of our changing social order* [Construção de nação e cidadania, estudos de nossa ordem social em mudança], Garden City, N. Y. 1969, p. 66-126.
[11] *The great transformation. The political and economic origins of our time* [A grande transformação. As origens políticas e econômicas de nosso tempo], Boston, Beacon Press, 1957, esp. p. 130-219 e cap. 19.

nos limites formais da *classe dominante*, a *classe oprimida* se escraviza à hegemonia burguesa. Não só à ideologia burguesa; também aos interesses de classe da burguesia e ao seu aparelho de Estado, ou seja, à sua dominação de classe e ao seu poder político. O corte dessa ligação fatal só poderia provir do socialismo e de sua irradiação revolucionária. Na medida em que o movimento socialista fosse ou muito débil ou impotente para suscitar alternativas próprias, apesar de sua "força crescente", a classe trabalhadora ficava à mercê de seu emburguesamento e de sua vinculação estrutural e sociodinâmica com a ordem. Por vezes, mesmo a radicalização antiburguesa e anticapitalista poderia ser contida em seu seio, por via de "adaptações internas", ou proceder de fora, das várias modalidades de radicalismo antiburguês alimentados no seio da *classe dominante*. O lado paradoxal desse quadro procede de um fato deplorável: ao passar-se das lutas pelos direitos civis às lutas pelos direitos políticos a *contaminação burguesa* não desaparece. Ela se complica e se intensifica; e em vez de fortalecer o movimento socialista, o debilita e desorienta ainda mais. Desta perspectiva, vemos como o antagonismo da sociedade capitalista opera devastadoramente no solo histórico da *classe oprimida*, colocando-a à mercê do "inimigo de classe" e do "esclarecimento" ou "humanitarismo" da burguesia.

A segunda questão não possui as mesmas implicações sociológicas. Deixando de lado o caráter ambíguo e amorfo do conceito de "classes médias", o fato crucial está em que elas entram, de uma forma ou de outra, no rateio da mais-valia relativa. Na teoria e na prática, tática e estrategicamente as classes médias são classes burguesas e fazem parte de sua composição morfológica. Não importa o quanto recebem os vários estratos no rateio final; e, no plano histórico, tampouco importa quanto elas são permanentemente ameaçadas pelas *crises capitalistas*, cíclicas, estruturais ou de conjuntura. Inquietas e insatisfeitas, de um lado, e atormentadas pelo medo da proletarização, do endividamento e da instabilidade econômica, social e política, de outro, elas tendem a privilegiar a *radicalização dentro da ordem*. Portanto, elas desempenham uma função importante na evolução da sociedade capitalista e da democracia burguesa: protagonizam a natureza e o alcance do "radicalismo burguês", da reforma capitalista, da "revolução dentro da ordem". De Marx e Engels, a Kautsky e a Lenin sempre se reconheceu que certos setores desenraizados ou desenraizáveis das classes médias poderiam oscilar fora e acima desses limites, como um foco de irradiação do socialismo "para baixo" e do despertar de uma consciência revolucionária adormecida da *classe oprimida*. Na Europa industrial e nos Estados Unidos as classes médias preenchem a sua função conservadora e reformista nos limites extremos. No século XIX, ajudam a "consolidar a democracia burguesa". No século XX, desenham o patamar que encadeia a autodefesa da ordem ao fascismo e à contrarrevolução em escala mundial. Sob vários efeitos positivos, temos que dar saliência aos dividendos negativos. O reformismo das classes médias articula-as a um socialismo reformista *preso à ordem* e à chamada democracia burguesa. O problema político desse reformismo procede de sua irradiação: os quadros intelectuais ou burocráticos das organizações operárias, dos sindicatos, dos partidos operários podem ser entravados por essas elites extra e variavelmente antioperárias.[12] A questão se torna

---

[12] Na ótica conservadora, cf. R. Michels, *Political parties. A sociological study of the oligarchical tendencies of modern democracy* [Partidos políticos. Um estudo sociológico das tendências oligárquicas da democracia moderna], trad. de E.

ainda mais complexa no contexto de um enriquecimento extremo da contrarrevolução burguesa (sob a "Guerra Fria", por exemplo) e da transformação estrutural das classes trabalhadoras sob a chamada "terceira revolução" capitalista: o espaço político "radical" ou "revolucionário" é dividido pela classe operária com certos setores da "nova classe operária".[13] Maio de 68 converte-se em data símbolo[14] e nos confrontamos com um verdadeiro desafio. Ou a contaminação burguesa e reformista do "socialismo democrático"; ou o desemburguesamento exigente do "socialismo revolucionário"? Sob outro ângulo, vemos como a sociedade antagônica gera um cavalo de Troia e o implanta na órbita da fragmentação do movimento socialista, da desorientação do movimento operário, da pulverização do radicalismo antiburguês e do verdadeiro espírito revolucionário do socialismo.

Portanto, existem certas "condições naturais" de autodefesa do modo de produção capitalista, da sociedade de classes e do Estado democrático-burguês. Relações e conflitos de classe, sim; levantes socialistas "inevitáveis" e "automáticos", não. Nem todas as condições de antagonismo trabalham "contra a ordem estabelecida". Deixando de lado o que já foi debatido antes, sobre os mecanismos de autodefesa pacífica

---

e C. Paul, Glencoe, III, 1949; na ótica revolucionária, cf. R. Luxemburgo, *Reforma ou revolução?*, trad. de L. Xavier, São Paulo, Editora Flama, 1,946; V. I. Lenin, *A revolução proletária e o renegado Kautsky,* Gráfico Editora Unitas, São Paulo, 1934. Usamos a edição em francês das obras completas de V. Lenin – c.f. Editions Sociales, Paris; Editions du Progrès, Moscou, 33 vols. *La révolution prolétarienne et le renégat Kautsky,* publicado como brochura em 1918, consta do tomo 28, Paris – Moscou, 1961, p. 235-336, 1934.

[13] S. Mallet, *La nouvelle classe ouvrière* [A nova classe operária]; Paris, Editions du Seuil, 1963; e, especialmente, A. Gorz, *Estratégia operária e neocapitalismo, op. cit.*

[14] Cf. A. Touraine, *Le Mouvement de Mai ou le communisme utopique.* [O movimento de maio e o comunismo utópico] Paris, Editions du Seuil, 1968.

ou violenta dessa mesma ordem, a propriedade privada, os direitos civis e os direitos políticos de uma sociedade capitalista desabam sobre as classes trabalhadoras e podem ou paralisá-las ou diminuir o seu impulso anticapitalista e revolucionário. Além disso, a ambiguidade das classes médias prende-as a uma acomodação oscilante à ordem estabelecida ou a uma lealdade limitada aos movimentos de contestação. Em ambos os planos, o que se constata é que um "capitalismo consolidado" tempera e por vezes apodrece o elemento antagônico de primeiro ou de segundo grau (proletário ou de "colarinho branco").

★★★ Certas descrições de Marx revelam o quanto uma classe que desponta é frágil para tomar consciência de seus interesses, de sua situação de classe, ou de seus valores e alvos históricos, e, mais ainda, para estabelecer uma racionalidade e uma solidariedade de classe no plano da luta política. Lembrem-se: a destruição das máquinas e a representação da *República* como uma entidade "universal" capaz de identificar e de satisfazer os dois lados da barricada, as classes possuidoras e as classes trabalhadoras. Inglaterra e França – duas polarizações mas uma mesma realidade histórica do ponto de vista da *classe oprimida emergente*. O que importa, para nós, é o traço comum. Também a burguesia constituía uma *classe dominante emergente*. Todavia, esta já dispunha de várias instituições básicas – a propriedade privada, o *direito civil,* a Constituição, o contrato de trabalho, a empresa e o Estado etc. – e, em aliança ou contra a nobreza (às vezes, com o que ficara da nobreza) avança rapidamente no sentido da unificação nacional de sua dominação de classe e do seu poder político de classe. Se a nobreza, ativa ou passivamente, lhe ensinara como bater-se em uma arena revolucionária, não é por meio do *antigo regime* que ela se realiza. Este desmorona *pari passu* à ascensão histórica da burguesia. Em associação, formando um "bloco histórico" com setores da nobreza, ou de modo relativamente autônomo (tendo, pois, que absorver os "resíduos" mais persistentes e flexíveis dos estratos nobres ou nobilitados), é *por meio* e *contra* as classes trabalhadoras e assalariadas que a burguesia começa a constituir-se e a afirmar-se como classe dominante. Ela não esmaga tudo. Tenta *abrir,* engodar o setor operário e as várias categorias de destituídos na *nova ordem* econômica, social e política. O êxito desse avanço vai depender da base econômica e das condições nacionais da unificação da dominação burguesa e do poder político burguês. O movimento cartista culmina em conquistas que iniciam uma evolução política em espiral. Ao desafio das massas corresponde uma abertura das elites e dos poderosos. Radicais e operários logram impor certos direitos civis, dando início à consolidação da democracia burguesa. Ao crescer, esta absorve os choques, amplia-se, torna-se flexível e, no fim, prende o movimento operário e o sindicalismo às reivindicações dentro da ordem, ou seja, instrumentaliza cada vez mais as classes trabalhadoras e as camadas destituídas: 1830, 1848-1850, 1870-1871 revelam melhor a relação das duas classes emergentes na França. A burguesia não logrou deter a *sua* revolução. Esta resvala e volta à tona por meio dos trabalhadores agrícolas e dos pequenos proprietários camponeses, dos trabalhadores e das massas desenraizadas de Paris, da inquietação dos operários e dos destituídos localizados em algumas outras cidades importantes. Portanto, a revolução podia voltar-se contra a sua consolidação como *classe dominante,* em nome da República e da França: o Império e Napoleão não concluem todo o processo fascinante de articulação do modo de produção capitalista às estruturas sociais, culturais e políticas de uma sociedade nacional efervescente. "Dividir para reinar" com a dose necessária do "terrorismo burguês", eis o caminho que permite à burguesia superar (pela desobstrução) os obstáculos. Portanto, a ordem burguesa se abre seletivamente e se fecha autoprotetivamente (mas o suficiente para promover o silenciamento de vários setores rebeldes, da pequena--burguesia rural às classes médias urbanas em elaboração histórica). A esses dois exemplos se poderiam agregar outros casos (Espanha, Itália, Alemanha) que salientariam o quanto a emergência em si mesma debilitava os dois polos extremos, porém forçando os novos privilegiados da terra a aprofundar seu aprendizado no uso da violência institucionalizada. Todavia, isso é desnecessário. O que importa assinalar comparece nos dois casos mais relevantes do ponto de vista histórico-sociológico. As classes trabalhadoras são muito fracas para vergar o arco e as massas destituídas são com frequência desorientadas ou pela corrupção ou pela repressão ou pela própria impotência da rebelião nascente. Há um amplo e sólido avanço teórico do socialismo como movimento de ideias e a Comuna de Paris sugere que ele busca a "transformação do mundo". Como as classes trabalhadoras ainda não se constituíam em uma *classe oprimida* em posse de um verdadeiro potencial revolucionário, tal progresso desemboca em um vazio histórico. A burguesia colhe sucessivamente todas as vantagens e explora com êxito um novo tipo de "terrorismo", de dupla base institucional: a) a dominação direta de classe, que passa pela empresa; b) a dominação indireta de classe, que passa pelo Estado. Esse representa o cerco capitalista mais rudimentar e sua grande eficácia relativa repousava no caráter da sociedade de classes da época, pouco consolidada no que dizia respeito às classes trabalhadoras. Além disso, como demonstrou Engels com argúcia, a luta de barricadas estava de antemão condenada mesmo diante de um Estado nacional em expansão; e como demonstrou Cole *ex post factum,* certas peculiaridades nacionais tiveram grande importância nas evoluções políticas (o confronto entre Paris e Londres, com o significado político da neutralização do campesinato francês e da localização das cidades industriais inglesas). Não obstante, no continente, o "terrorismo burguês" sacode o espírito de revolta, a consciência revolucionária, a propensão para buscar *fora* do capitalismo e *contra* ele a solução dos problemas das classes trabalhadoras. Assim se desenha a "missão do socialismo".

★★★★ O último quartel do século XIX torna patente que a única consolidação ocorrida foi a da dominação de classe da burguesia (já em um plano que não era só nacional, por causa dos episódios da sufocação militar da Comuna), do poder político burguês e do Estado capitalista. Ao contrário do que acontecera até a experiência da Comuna, a República deixa de unir a pressão radical (burguesa) e a pressão revolucionária (socialista). O que significa que houve um saldo qualitativo, expresso na dissociação do radicalismo burguês das correntes socialistas mais genuínas. Estas se desprendem ao mesmo tempo da "mistificação republicana" e, digamos assim, do "extremismo infantil", que provinha de um heroísmo à toda prova mas destituído de consequências políticas. Em vez de malhar a quente o inimigo principal, de facilitar as coisas para a burguesia, suas frentes mais significativas iniciam uma reviravolta e passam a malhar o "terrorismo burguês" a frio, isto é, dentro do próprio terreno em que a *classe dominante* exercia sua dominação de classe, mobilizava seu poder político, operava seu aparato estatal. As análises de Engels e Marx mostram que o caso mais interessante para estudo é o da Alemanha. As classes trabalhadoras ainda eram muito fracas, no campo e nas cidades; todavia, o Estado nacional tinha de equilibrar uma nobreza arrogante a uma burguesia relativamente impotente. Em consequência, apesar de suas debilidades, daí resultava certa autonomia do político, que conferia ao governo certa independência na busca de aliados, de implementação de uma política econômica e na criação do "destino nacional" de uma grande potência. As mesmas tendências que cercam o avanço dos socialistas para o *plano legal* aparecem nos demais países. Porém, elas são mais nítidas na Alemanha e permitem ver melhor como se torna impossível, a largo prazo, associar um movimento revolucionário a procedimentos políticos que consagram a democracia parlamentar. Em um primeiro momento, malgrado as concessões dos socialistas (vide Lassalle), torna-se possível manter a tática das "duas frentes" (uma legal, outra clandestina). A *crítica do programa de Gotha,* por sua vez, deixa claro que o movimento socialista podia ocupar o espaço político existente em uma sociedade capitalista *sem abrir mão* de seus princípios revolucionários. Tudo iria depender da ação dos sindicatos, da orientação do movimento operário, da atuação dos partidos socialistas. Nesse *round,* não foi difícil a Bismarck e a um Estado que foi definido como

> um Estado que não é mais que um despotismo militar de armação burocrática e blindagem policial, guarnecido de formas parlamentares, revestido com ingredientes feudais e

influenciado já pela burguesia. (*Crítica do Programa de Gotha*, passagem do item IV)

submeter e domesticar o aliado rebelde. Todavia, pelos fins do século, a transformação da classe trabalhadora em *classe oprimida* se completara nos principais países industrializados da Europa. O uso do espaço político pelos movimentos socialistas de conteúdo reformista ou revolucionário se modificara. Por meio dos sindicatos e dos movimentos operários os partidos socialistas tinham uma consistência própria. Podiam fazer e desfazer "alianças de classes". As próprias posições de direção e administração – portanto, de liderança política e burocrática – tornam-se atrativas por si mesmas, como fonte de poder ou símbolo dele. Esse é um *round* mais complexo (experimentado pelos ingleses com enorme antecedência). A pressão socialista deixava em aberto a perspectiva do desmoronamento, da crise catastrófica do capitalismo, da transição para uma democracia *proletária* ou *socialista*. Na prática, porém, ela se via forçada a atender as reivindicações postuladas pelo radicalismo burguês, com um evidente mal-estar, pois todos os avanços e aberturas da ordem surgiam como atrasados, vazios, inconsistentes. Eles nasciam em confronto com uma pressão mais forte, que punha todas as esperanças verdadeiras nas "soluções socialistas". O cerco capitalista desaba em três níveis. Primeiro *dentro* dos sindicatos e dos partidos socialistas, pressionando o movimento operário, debilitando sua órbita propriamente socialista. Tudo isso era facilitado pela extração pequeno--burguesa da liderança sindical ou dos partidos operários, potencialmente aberta à confraternização com a ordem (como melhor exemplo: Bernstein e suas doutrinas de "revisão do marxismo"). Segundo, ao nível do condicionamento dos mecanismos eleitorais e das alianças políticas, forçando evoluções que punham em primeiro plano as reivindicações econômicas, as condições do trabalho, os direitos civis e políticos etc. No fundo, compelindo os socialistas a se desviarem de sua rota para desfrutar integralmente o espaço político que lhes era oferecido pela democracia burguesa. Em consequência, no fim de certo tempo, estes encontravam-se lutando pelo "aperfeiçoamento da democracia parlamentar" e não pela "revolução socialista". Por fim, vem a questão das lealdades nacionais. O que seria prioritário para um socialista? A Segunda Internacional deixara tudo muito claro. No entanto, quando se aproxima a Primeira Guerra Mundial observa-se como, na passagem para a década de 1910, os socialistas se tornam "socialpatriotas". Negam-se a transformar a guerra em guerra civil, a derrubar os governos estabelecidos, a conclamar as classes trabalhadoras a desobedecer à convocação militar e a optar por uma linha internacionalista e revolucionária etc. Toda essa rede de influências diretas e indiretas descansavam sobre a estrutura da sociedade de classes, o poder de corrupção e de coação da burguesia e do Estado, as identificações capitalistas e de *reformismo dentro da ordem* de lideranças sindicais ou políticas das classes trabalhadoras. Estas não se afirmam como uma *classe oprimida,* embora isso fosse potencialmente possível. O que significa, quando menos, que a ruptura com a ordem não fora muito longe nem no plano teórico nem no plano prático. O eufemismo do *socialismo democrático* apenas dissimulava uma traição deliberada para alguns e tácita para a massa.

★★★★★ Os dois últimos tipos de cerco capitalista podem ser tratados em conjunto. A descrição anterior sugere como seria difícil *criar* e *expandir* um movimento socialista revolucionário a partir de dentro de uma sociedade capitalista avançada. O controle externo do movimento estava nas mãos da ordem, menos pelo poder de coação do Estado (por via militar, policial ou jurídica) que pela debilidade do *élan* revolucionário. Poucos socialistas na Europa *optam* pela condição socialista dentro e sob o capitalismo. Não havendo ruptura, não haveria também uma teoria revolucionária e uma prática revolucionária. Os socialistas se contentavam em constituir "a esquerda da situação", o movimento da reforma, como se fosse possível conciliar a revolução socialista com o reformismo burguês e a revolução dentro da ordem. Apesar da vitalidade da fraseologia socialista, os paladinos do "socialismo democrático" pavimentaram os caminhos que conduziram ao moderno capitalismo monopolista e a seu intervencionismo estatal. Ajudaram a história a partir o *Welfare State,* esquecendo-se que sua função era outra: destruir o regime de classes e construir as condições de transição para o socialismo. Ora, na periferia a ausência de burguesias poderosas e de Estados capitalistas consolidados concorreu para tornar mais fraca e oscilante a influência do cerco capitalista. Isso não quer dizer que os movimentos socialistas não se tenham confrontado com uma repressão e uma opressão ultradestrutivas. Quer dizer que a "lógica da ordem" não contou por igual em todos os movimentos. Alguns deles preservaram o espírito revolucionário e, por meio dele, lograram combinar a transição para o capitalismo e o regime de classes com a própria subversão das classes trabalhadoras e destituídas (uma implicação política da teoria do desenvolvimento desigual e combinado). Para se avaliar corretamente as diferenças: Kautsky representou uma influência teórica poderosa na concepção do que deve ser o socialismo revolucionário de Lenin. No entanto, enquanto Kautsky aderia ao socialpatriotismo, Lenin saía dos dilemas criados pela Revolução de 1905 e preparava-se para enfrentar as consequências do socialpatriotismo na Rússia, dentro do mais exigente espírito socialista e internacionalista. Não nos interessa, nesta exposição, nem a Revolução Russa, nem a Revolução Chinesa, nem a Revolução Cubana, tomadas em si mesmas. Mas, o que ocorre quando se verifica que tais revoluções estabeleciam *o novo curso da história*. À Revolução Russa se opõe um cerco capitalista sem quartel. De 1917 até o início da chamada "Guerra Fria", o problema era o do "socialismo em um só país". Primeiro, o cerco capitalista se dirigiu no sentido de impedir o êxito da Revolução Russa, por via militar, política e econômica. A Entente alimentou a contrarrevolução dentro da Rússia e os países que a constituíam só mudaram de conduta sob o impacto dos movimentos operários internos. A "solidariedade socialista" em escala mundial mostrou, pela primeira vez, que certos valores, comportamentos e atitudes da classe operária atravessavam as fronteiras do capitalismo. O que não impediu que essa pressão externa fosse violenta e assumisse várias faces. Todavia, o uso do espaço político das "sociedades ocidentais" para alimentar novas revoluções foi suprimido e a luta sem quartel contra a Rússia socialista só não produziu o fruto esperado porque ia contra a história. Segundo, o cerco capitalista abateu-se sobre os movimentos socialistas revolucionários existentes nas nações capitalistas. Agora, era preciso impedir a reprodução de "novas Rússias", na Europa ou na periferia do mundo capitalista. O "terrorismo burguês" reaparece com extrema violência no combate ao *inimigo interno*. Como mostra Marcuse, os movimentos socialistas revolucionários caem nas malhas das relações internacionais e o enrijecimento ou a distensão quanto à repressão do socialismo revolucionário (o "combate ao comunismo") flutua com o maior ou menor empenho da Rússia de cumprir seus papéis internacionalistas.[15] Semanticamente, o que entra em jogo é a autodefesa do Estado democrático contra seus inimigos. Na realidade, o bloqueio visava a impedir que a Rússia se convertesse na retaguarda do movimento revolucionário mundial.

À Segunda Grande Guerra se sucede o período da "Guerra Fria". O socialismo exerce uma atração magnética sobre os países subdesenvolvidos. De outro lado, o nacionalismo revolucionário combinava com frequência a luta contra o imperialismo com soluções anticapitalistas. Sob a influência direta da Rússia, surgiram as Repúblicas Populares. A Iugoslávia achou o seu próprio caminho para a transição socialista sob o período de guerra. As revoluções chinesa, cubana e vietnamita saturaram ainda mais esse quadro, do "salto para frente". O socialismo revolucionário adquiria vários polos e confirmava-se que o seu aparecimento nada tinha de fortuito. A "civilização industrial", de origem europeia, revelava em plenitude o padrão que ela tendia a assumir em conexão com a transição para o socialismo. Os riscos do desmoronamento passaram a ser vistos como algo próximo e concreto. Essa evolução teve consequências sobre o emergente mundo socialista. Quebrou-se o monopólio da Rússia sobre a liderança do movimento revolucionário mundial. Todavia, o que era mais importante, vários polos levantavam as perspectivas

---

[15] Veja-se *Marxismo soviético. Uma análise crítica,* trad. C. Weber, Rio de Janeiro, Editora Saga, 1969.

de que a *revolução permanente,* que parecia um puro conceito abstrato de um intelectual como Marx, possuía substância e rumos próprios. O cerco capitalista atinge o paroxismo, tanto em termos do combate ao "inimigo interno", quanto ao "inimigo externo". Procura-se reduzir a zero o espaço político do socialismo revolucionário dentro das sociedades capitalistas. À revolução em escala mundial corresponde a contrarrevolução também em escala mundial. O caso do Vietnã, suplementado pela "experiência chilena", desdobra os aspectos brutais dos recursos empregados para esmagar as opções pelo socialismo revolucionário. O que é realmente decisivo, a "defesa da democracia" converte os *governos democráticos* em regimes policial-militares dissimulados. Fora da ordem estabelecida, não há alternativa. O que reduz o *socialismo reformista* a uma variedade do "capitalismo esclarecido" e o *socialismo democrático* em uma fonte de consolidação do *status quo* capitalista. O movimento socialista nunca foi tão forte em vários países da Europa. Não obstante, ele também nunca foi tão destituído de objetivos revolucionários a curto e a médios prazos. As esperanças mais profundas se deslocam e o eurocomunismo parece um símile, em novas condições, do que se fez anteriormente, entre o último quartel do século XIX e a Primeira Grande Guerra.

Portanto, colocando-se a questão em leque: temos, de um lado, os efeitos do cerco capitalista no seio das próprias nações burguesas do centro ou da periferia. O combate ao inimigo interno, a "resistência ao comunismo", a defesa do "pluralismo democrático" conduzem a uma deformação do próprio movimento socialista. Para continuar sua luta pela revolução socialista, correntes e partidos anarquistas, socialistas reformistas, comunistas são forçados a redefinir sua tática e sua estratégia políticas. Eles não competem mais por uma faixa das classes destituídas, relativamente isoladas e completamente ameaçadas pela miséria. Apesar do desemprego, da inflação, da dualidade de origens (o operário qualificado nacional e o trabalhador rude do exterior), da aristocracia operária etc., deve-se considerar as condições atuais do assalariado. Há uma ampla gama de diferenciação do trabalho manual, do trabalho manual e intelectual, do trabalho intelectual – e essas várias categorias de trabalhadores têm em comum a condição de assalariados, ainda que a faixa de renda e de prestígio sejam muito variáveis. Aqueles movimentos precisam atingir todas essas faixas de assalariados e uma massa popular mais ampla, em termos da situação atual do mundo capitalista e das alternativas socialistas. Essa politização é central e ela abre várias frentes de luta, contra a poluição, o desemprego, a condição da mulher, a inflação, o tratamento dos operários migrantes e imigrados, a defesa dos consumidores e do meio ambiente, o sindicalismo e seus papéis, o programa socialista e as funções táticas e estratégicas do socialismo revolucionário, o combate ao imperialismo *dentro* dos países imperialistas, o internacionalismo e a revolução na periferia, o combate à pobreza no centro e na periferia, os problemas do subdesenvolvimento e da contrarrevolução capitalista em escala mundial etc. O *novo socialismo* tem de responder, simultaneamente, ao avanço interno do capitalismo e da qualidade da vida que ele oferece, e às exigências atuais de um mundo no qual as opções socialistas devem ser avaliadas concretamente, em função dos resultados das próprias experiências socialistas. De outro lado, temos os efeitos do cerco capitalista sobre os próprios países em transição para o socialismo (de uma forma ou de outra, não vem ao caso discutir as variações concretas nem em termos particulares, nem em termos continentais). Ao "isolar" a Rússia e ao mantê-la sob uma constante e crescente pressão militar as nações capitalistas hegemônicas e sua superpotência criaram várias distorções, multiplicadas e reforçadas pelo fato de que "o socialismo em um só país" já era em si mesmo um *caminho difícil*. Dois fatos são patentes.

Na área militar, de espionagem e de contrarrevolução, tais condições externas forçaram uma inflexão permanente na área dos investimentos industriais (dando enorme prioridade a indústrias pesadas voltadas para a tecnologia militar de ataque, defesa e contra-ataque) e provocaram a permanência de "desvios burocráticos" ou "tecnocráticos" e seu enrijecimento além de limites que não seriam de esperar em outra situação histórica. O "socialismo de guerra" engendrou, portanto, uma realidade cruelmente agravada e mantida a partir de fora. Em consequência, o tempo e os ritmos históricos de transição para o socialismo foram refreados e, sob certas considerações, adulterados. Na área da qualidade da vida e da influência específica da Rússia como país revolucionário o cerco capitalista provocou, como efeito de demonstração, uma gradual infiltração de expectativas de nível de vida que poderão levar a um crescente consumismo e gerou a propensão da Rússia a converter-se, autodefensivamente, no "centro do socialismo mundial" ou em sua "meca" (o monolitismo que se abateu sobre o movimento socialista mundial e fez com que a Terceira Internacional se afastasse, várias vezes, dos seus objetivos revolucionários). As mesmas consequências aparecem nos casos posteriores. As Repúblicas Populares, a Revolução Chinesa, a Revolução Iugoslava, a Revolução Cubana foram tratadas como a Rússia. O cerco capitalista tornou-se, apenas, mais amplo, flexível e eficiente. Toda a política e toda a estratégia militar da "Guerra Fria" são recentes e conhecidas. Só que o cerco alcança, nesta etapa, uma estruturação, uma centralização e uma racionalidade que não possuía antes. A irradiação do socialismo revolucionário e seu aparecimento como alternativa histórica colocou o bloco capitalista diante de uma alternativa perigosa: ou detêm a história ou a crise do capitalismo, sob o imperialismo, deixaria de ser um fenômeno interno! A invasão da República Dominicana, a pressão contra a transição pacífica para o socialismo no Chile e especialmente a "guerra suja" no Vietnã traduzem em termos claros o que é o cerco capitalista contra o socialismo quando se transforma em política e em arte militar. Os fatos são muito conhecidos. O objetivo, sempre, evitar *novas* Chinas, *novas* Cubas etc., ou seja, preservar a periferia para o capitalismo e o imperialismo. O Vietnã, porém, define até onde se chega e contém uma lição. Se a França parou em um limite, os Estados Unidos não respeitaram nenhum. Contudo, o efeito foi espetacular: *a história não dá marcha à ré*. O que se precisa, pois, é considerar *o quanto* tudo isso custa para os países em transição para o socialismo. A distorção, a paralisação e até a deformação de processos que tornam a transição ainda mais difícil do que ela já era naturalmente, em países que tiveram de adotar o "socialismo de acumulação". Em suma, o quadro da Rússia agravado. E pressões econômicas, culturais, políticas ou militares que ela podia absorver a curto ou a médio prazos, alguns países não podem. Considere-se Cuba. O quanto a revolução está pagando ao encurralamento externo? Ou considere-se o Vietnã. Exemplo extremo de um novo tipo de banditismo coletivo da "civilização". A solidariedade do mundo socialista sugere, apesar de tudo, que já não é tão fácil *arrasar o terreno*. O êxito é incerto, localizado e transitório, deixando os países capitalistas com uma capacidade potencial de autoproteção à distância e de retaliação muito duvidosa. O desafio, pois, se transforma em uma realidade histórica diversa: como adaptar-se a essa evolução incontrolável do socialismo revolucionário e o que fazer com as funções de legitimação do Estado capitalista para que o "capitalismo finalizado" (para usar-se uma expressão de R. Garaudy) possa *competir* com o socialismo como alternativa histórica. *Poderá ou poderia?*

****** A essa pergunta a resposta é óbvia. O cerco capitalista já faz muito corrompendo, demorando, dificultando a evolução do socialismo revolucionário. Ele não pode impedi-la; como, também, o internacionalismo socialista não poderia fomentar a revolução socialista em qualquer lugar e em todo o mundo. Os limites são esses. Na verdade, a situação histórica é clara. Um terço da humanidade vive sob o socialismo e essa proporção tende a crescer, dependendo do aparecimento de *condições revolucionárias* no centro ou na periferia. O aparecimento destas condições não é controlável pelo cerco capitalista. Ao contrário, a crise do imperialismo tende a facilitar o processo. L. Althusser[16] teve a coragem de falar da crise que divide atualmente o socialismo revolucionário. Ela está presente e tende a crescer. Todavia, essa crise, ao contrário da crise do imperialismo, é uma crise de vitalidade e de expansão. Os múltiplos polos repõem o socialismo revolucionário dentro não só das *tradições clássicas,* mas também do que o

---

[16] Veja-se *22ème Congrès,* Paris, François Maspero, 1977.

socialismo e a transição socialista *devem ser* para competir com o que oferece (ou não oferece e destrói) o "capitalismo finalizado". O caráter construtivo dessa crise é evidente: ela se vincula à superação de uma filosofia política nascida inexoravelmente das duras e estáticas condições do "socialismo em um só país". No mais, ela se abre como "a grande virada do socialismo no século XX", como propõe Garaudy. Estamos chegando a um patamar no qual o cerco capitalista não poderá mais destruir as tendências e as tecnologias revolucionárias do socialismo. Inclusive, no qual não poderá impedir a transformação da reforma pró-capitalismo em reforma anticapitalista. Por aqui vemos – como uma evolução que ainda se está configurando historicamente, mas que tende a se impor e a crescer como uma avalancha – uma clarificação dos caminhos alternativos possíveis para a implantação do socialismo e sua consolidação. Ao que parece, alcançamos um limiar no qual o cerco capitalista se torna anti-história, condena-se a produzir efeitos negativos (analise-se o exemplo vietnamita) e, a largo prazo, compele o capitalismo e o imperialismo a ficarem presos nas malhas de sua contrarrevolução, ao paroxismo de uma destruição que se converte em autodestruição. Isso é tão verdade que o problema da época atual não é mais *o que fazer com o capitalismo*. Ele é, ao reverso, outro: *o que fazer com o socialismo,* como torná-lo uma resposta efetiva ao "capitalismo finalizado" e seu consumismo, como eliminar o aburguesamento por meio de opções espontâneas, como motivar a solidariedade socialista em bases de respeito total ao ser humano, como construir e manter uma sociedade socialista capaz de completar a transição, gerar um verdadeiro *humanismo socialista,* a destruição final de todas as instituições de origem capitalista e a passagem irreversível para o comunismo. O cerco capitalista, nesta etapa da história, deixou de paralisar esse amplo processo. Ao contrário, deu-lhe força, sublinhou toda a vinculação fundamental que existe entre revolução, igualdade e democracia, fomentou a busca de novas formas, de estabelecer um "controle de massas" dos partidos socialistas revolucionários. A contraprova: o que representa o eurocomunismo nesse quadro histórico atual e o que ocorre com os vários modelos socialistas coexistentes. Aos poucos, emerge um cerco alternativo e compensador, como um cerco socialista nascido de convergências e opções inevitáveis na era de globalização do socialismo. Em suma, o socialismo começa a enfrentar e a superar o seu próprio *"limiar de medo"* (com as inibições do "socialismo de acumulações"), tentando vencer a última barreira que o separa da etapa comunista. Já não se propõe apenas libertar o proletário de suas cadeias. Volta-se para o futuro e procura delinear o que deverá ser, para servir de base ao aparecimento e à expansão da sociedade comunista. A própria crítica dos resíduos capitalistas no período de transição do plano centralizado e do controle democrático torna-se estreita para esse socialismo, que ensaia aos nossos olhos *como* converter-se em comunismo.

3. As revoluções socialistas do século XX: Os dilemas do "socialismo de acumulação"
★   Esta exposição deveria ser desdobrada em duas: uma, voltada para as revoluções socialistas que se tornaram "possíveis" – e *por quê*; outra, na qual se discutiria o "socialismo de acumulação" e as implicações das relações entre Estado, massa e partido revolucionário no período de transição.

Como perdemos a oportunidade para seguir o plano original, essas duas questões foram compreendidas na presente preleção.

Primeiro, a bibliografia essencial: certos escritos de Lenin, Mao Zedong e outras figuras revolucionárias são essenciais.[17] Segundo, de Victor Serge e M. Djilas a Roy Medvedev e Ch. Bettelheim,[18] acumulou-se uma ampla bibliografia crítica sobre as condições concretas da transição socialista, que não pode ser ignorada.[19] Terceiro, há conveniência em estudar seriamente algumas obras que procedem a um balanço global.[20] Os estudantes que se interessarem pelo planejamento deverão completar essa bibliografia,

---

[17] Pelo menos O que fazer? e Estado e revolução, respectivamente, Oeuvres, tomo 5, Moscou-Paris, 1965, p.353-544; e tomo 25, Moscou-Paris, 1970, p. 235-336; além de alguns ensaios menores de Lenin; os escritos políticos e estratégicos de Mao Zedong, coligidos por Anne Fremantle; *Mao Tse-Tung: An anthology of his writings* [Mao Zedong: uma antologia dos seus escritos], organizado com introdução de A. Fremantle, New York e Toronto, A Mentor Book, 1962; L. Trotsky, *1905*, trad. de M. Parijanine, Paris, Les Editions de Minuit, 1969; *De la révolution. Cours nouveau – La révolution défigurée – La révolution permanente – La révolution trahie* [Sobre a revolução. Novo curso – A revolução desfigurada – A revolução permanente – A revolução traída], trad. e intr. de A. Rosmer, Paris, Les Editions de Minuit, 1963; J. Stalin, *Les questions du léninisme* [As questões do leninismo], Paris, Editions Sociales, 2 vols., 1946 e 1947; *Les problèmes économiques du socialisme en U.R.S.S.* [Os problemas econômicos do socialismo na URSS], Editions Sociales, 1952; N. Bukharin, *Teoría económica del período de transición* [Teoria econômica do período de transição], trad. de H. Ciafardini, Córdoba, Ediciones Pasado y Presente, 1972; E. Preobrazhenski, *La nueva economía* [A nova economia], Córdoba, Ediciones Pasado y Presente, 1968.

[18] *Les luttes des classes em URSS* [As lutas de classes na URSS], já publicado o primeiro volume, sobre o período de 1917-1923: Paris, Maspero/Seuil, 1974.

[19] Aliás, *A Revolução Russa*, de R. Luxemburgo, trad. de M. Macedo e prefácio de M. Pedrosa, Rio de Janeiro, Edições Socialistas, 1946, constitui um bom exemplo de avaliação crítica e defesa da revolução.

[20] Recomendaria, para começar: A Gorz, O *socialismo difícil*, trad. de M. H. Kühner, Rio de Janeiro, Zahar Editores, 1968; E. Mandel, *Marxist economic theory*, op. cit., v. II, caps. 15, 16 e 17; C. Bettelheim, *A transição*

saturando-a com outros títulos.[21] Quarto, como estudo de caso, convém selecionar a Revolução Russa.[22]

** Os teóricos revolucionários do socialismo russo se preocuparam com a natureza das forças sociais da "revolução burguesa" e da "revolução proletária". Lenin, que cunhou duas frases célebres, como "sem teoria revolucionária não há revolução" e "a revolução não se faz de encomenda", dedicou-se longamente a essa comparação. No artigo sobre "Para julgar corretamente a Revolução Russa", publicado em abril de 1908, ele salientava o argumento básico, que iria retomar em 1917, com as famosas "Teses de Abril":

---

para a economia socialista, trad. de S. Goes de Paula, Rio de Janeiro, Zahar Editores, 1969.
[21] Como, por exemplo: Ch. Bettelheim, *Problèmes théoriques et pratiques de la planification* [Problemas teóricos e práticos da planificação] e *Planificação e crescimento acelerado*, respectivamente: Paris, Presses Universitaires de France, 1951; trad. de D. Lindoso, Rio de Janeiro, Zahar Editores, 1968; M. Dobb, *Welfare economics and economics of socialism* [Economia do bem-estar e economia do socialismo], Cambridge, University Press, 1969; F. Schurmann, *Ideology and organization in communist China* [Ideologia e organização na China comunista], Berkeley, L. A., University of California Press, 2 ed. ampl., 1970; A. Waterston, *Planning in Yugoslavia* [Planejamento na Iugoslávia], Baltimore, The Johns Hopkins Press, 1962. Sobre a autogestão, seria conveniente ler A. Guillerm e Y. Bourdet, *Autogestão: Uma mudança radical*, trad. H. Pólvora, Rio de Janeiro, Zahar Editores, 1975 – ver esp. cap. 6.
[22] Em português já estão publicados alguns livros importantes, como: J. Reed, *Dez dias que abalaram o mundo*, trad. de H. de Mello, rev. de D. Maciel, Rio de Janeiro; Editorial Calvino, nova edição, s/d; L. Kochan, *Origens da Revolução Russa* (1890-1918), trad. de G. Rebuá, Rio de Janeiro; Zahar Editores, 1968; A.B. Ulam, *The bolsheviks. Intellectual and political history of the triumph of communists in Russia* [Os bolcheviques. História intelectual e política do triunfo do comunismo na Rússia], New York, Collier Books, 1968. C. Hill, *Lenin e a Revolução Russa*, trad. de G. Campos, Rio de Janeiro, Zahar Editores, 2ª ed., 1961. Como livros fundamentais recomendaria, pelo menos: L. Trotsky, *Storia della Rivoluzione Russa* [História da Revolução Russa], Monza, Garzanti, 1946, 3 vols.; e E. H. Carr, *La Révolution Bolchevique* [A revolução bolchevique], Paris, Les Editions de Minuit, 1969 e 1974, 3 vols.

Vê-se, pois, que o conceito de revolução burguesa não é suficiente para definir quais são as forças que podem triunfar numa tal revolução. Podem existir e existiram revoluções burguesas nas quais a burguesia comercial ou comercial-industrial desempenhou o papel de principal força motriz. Quando essas revoluções triunfam, isso significa que essas camadas da burguesia alcançam a vitória sobre seus adversários (a nobreza privilegiada ou a monarquia absolutista, por exemplo). Acontece exatamente o contrário na Rússia: entre nós, a vitória da revolução burguesa *como vitória da burguesia* é impossível. Isso parece paradoxal, mas no entanto é um fato. A predominância da população campesina, a opressão espantosa que os grandes proprietários territoriais feudais (ou, melhor, semifeudais) fazem pesar sobre essa população, a força e o nível de consciência do proletariado já organizado em partido socialista, são fatos que dão à *nossa* revolução burguesa um caráter *particular*. Essa particularidade não extrai à revolução seu caráter burguês (como Martov e Plekhanov tentaram fazer crer nas observações que infelizmente consagraram às suposições de Kautsky). Ela determina somente o caráter contrarrevolucionário de nossa burguesia e a necessidade da ditadura do proletariado e dos camponeses para chegar-se à vitória em uma *tal* revolução. Porque, de fato, uma "coalizão do proletariado e dos camponeses" *triunfando* em uma revolução burguesa não é outra coisa que a ditadura revolucionária democrática do proletariado e do campesinato.[23]

Como Engels, anteriormente, Lenin procurava compreender a revolução de uma perspectiva marxista e punha em relevo o papel dos camponeses (como ocorrera na Europa, nas revoluções burguesas "clássicas") e da aliança proletariado-camponeses como "força social" capaz de *deslocar* a burguesia no processo revolucionário. No caso russo, ele próprio procurou pôr em evidência que a burguesia perdera

---

[23] *Oeuvres,* v. 15, p. 55.

a sua *oportunidade*, por impotência relativa e incapacidade de atuação revolucionária contra a autocracia e as forças da ordem. Esse ponto de vista permitia, como afirmara o próprio Lenin, entender que

> nós marchamos *para frente*, em busca da revolução socialista, sabendo que ela não é separada da revolução democrática burguesa por uma muralha da China, sabendo que só *a luta* decidirá quanto aos avanços que lograremos obter.[24]

No escrito "A falência da II Internacional", de maio/junho de 1915,[25] Lenin apresenta "os índices de uma situação revolucionária". Vejamos o que nos diz com suas próprias palavras:

> Para um marxista, está fora de dúvida que a revolução é impossível sem uma situação revolucionária, mas nem toda situação revolucionária leva à revolução. Quais são, de uma maneira geral, os índices de uma situação revolucionária? Estamos certos de não nos enganarmos indicando os três índices principais seguintes: 1. Impossibilidade para as classes dominantes de manter sua dominação sob uma forma inalterada; crise do 'vértice', crise da política da classe dominante, o que cria uma fissura pela qual os descontentes e a indignação das classes oprimidas se abrem um caminho. Para que a revolução estoure não é suficiente, habitualmente, que 'a base não deseje mais viver como antes, mas é ainda necessário que 'o cume não o possa mais'. 2. Agravação, mais do que é comum, da miséria e do desespero das classes oprimidas. 3. Intensificação acentuada, pelas razões indicadas acima, da atividade das massas, que se deixam pilhar tranquilamente nos períodos 'pacíficos' mas que, no período tempestuoso, são empurradas, seja pela crise no seu conjunto, seja *pelo próprio 'vértice',* para uma ação histórica independente.

---

[24] Cf. artigo "Para o Quarto Aniversário da Revolução de Outubro", publicado em 18 de outubro de 1921, *Oeuvres*, v. 33, p. 44.
[25] *Oeuvres*, v. 21, p. 216-217.

Sem essas transformações objetivas, independentes da vontade destes ou daqueles grupos e partidos, mas ainda de tais ou quais classes, a revolução é, em regra geral, impossível. É o conjunto dessas transformações objetivas que constitui uma situação revolucionária. Conheceu-se essa situação em 1905 na Rússia e em todas as épocas de revoluções no Ocidente; mas ela também existiu nos anos 60 do último século na Alemanha, do mesmo modo que em 1859-1861 e 1879-1880 na Rússia, embora não tenham ocorrido revoluções em tais momentos. Por quê? Porque a revolução não surge de toda situação revolucionária, mas somente no caso em que, a todas as transformações objetivas enumeradas acima, se acrescenta uma transformação subjetiva, a saber: a capacidade, no que concerne à *classe* revolucionária, de conduzir ações revolucionárias de massa bastante *vigorosas* para destruir completamente (ou parcialmente) o antigo governo, que não cairá jamais, mesmo em época de crises, se não for 'compelido a cair'.

Em uma passagem de *A doença infantil do comunismo* (O "Esquerdismo"), publicado em 1920, Lenin salienta, na mesma direção:

A lei fundamental da revolução, confirmada por todas as revoluções e especialmente pelas três revoluções russas do século XX, ei-la aqui: para que a revolução tenha lugar, não é suficiente que as massas exploradas e oprimidas tomem consciência da impossibilidade de viver como antes e reclamem transformações. Para que a revolução tenha lugar, é necessário que os exploradores não possam viver e governar como antes. É somente quando *'os de baixo' não queiram mais* e que *'os de cima' não possam mais continuar* a viver da antiga maneira, é então somente que a revolução pode triunfar. Essa verdade se exprime em outras palavras: a revolução é impossível sem uma crise nacional (afetando explorados e exploradores). Assim, pois, para que uma revolução tenha lugar, é preciso: primeiramente, conseguir que a maioria dos operários (ou, pelo menos, que a maioria dos operários conscientes, ponderados, politicamente ativos) tenha compreendido perfeitamente a necessidade da revolução e esteja disposta a morrer por ela; é preciso também que as classes dirigentes atravessem uma crise governamental que envolva na vida política até as massas mais retardatárias (o índice de toda a revolução verdadeira é uma rápida elevação ao décuplo, ou mesmo ao cêntuplo, do número de homens aptos para a luta política, entre a massa laboriosa e oprimida, até a apática), a qual enfraqueça o governo e torne possível aos revolucionários a sua pronta substituição.[26]

Para os que acusam Lenin de "elitismo" seria bom lembrar outra passagem, do mesmo livro, que focaliza a base de massa de todo movimento revolucionário.

A vanguarda do proletariado é conquistada ideologicamente. É o principal. De outro modo, mesmo dar um primeiro passo na direção da vitória será impossível. Porém, daí à vitória ainda há uma grande distância. Não se pode vencer somente com a vanguarda. Lançar somente a vanguarda na batalha decisiva, enquanto toda a classe, enquanto as grandes massas não tenham tomado seja uma atitude de apoio direto à vanguarda, seja pelo menos uma neutralidade benévola, o que as torna completamente incapazes de enfrentar seu adversário, isso seria tolice, e mesmo um crime. Ora, para que verdadeiramente toda a classe, para que verdadeiramente as grandes massas de trabalhadores e oprimidos do capital cheguem a tal posição, a propaganda apenas, a agitação apenas não é suficiente. Para isso, é preciso que essas massas façam sua própria experiência política. Tal é a lei fundamental de todas as grandes revoluções [...] etc.[27]

Esse diagnóstico se aplica inteiramente às revoluções que ocorreram na Iugoslávia, na China, no Vietnã, em Cuba. Às

---

[26] *Oeuvres*, v. 31, p. 80-81. [Há edição recente em português: *Esquerdismo - doença infantil do comunismo*. São Paulo: Expressão Popular, 2014].
[27] *Idem*, p. 89.

vezes, a crise é de poder, menos que nacional, *colonial,* de construção de uma nação. Por isso, passa por um nacionalismo revolucionário. Na verdade, como salienta Worsley, a Revolução Russa de 1917 tornou-se uma "força material" do mundo colonizado e subdesenvolvido.[28] Não só "abriu o caminho". Mostrou que ele é possível. Em uma linguagem típica, Ho Chi Minh escreve:

> A revolução nos países coloniais e semicoloniais é uma revolução nacional democrática. Para torná-la vitoriosa, é possível e necessário formar uma frente nacional verdadeiramente ampla, unindo todos os estratos e classes sociais ansiosos pela liberação do jugo colonialista. Em particular, deve-se ter em mente que o papel desempenhado pela burguesia nos países coloniais e dependentes em geral não é similar à desempenhada pela burguesia nos países capitalistas. A burguesia nacional pode ser ganha para participar ativamente na revolução nacional democrática.[29]

O caráter de tal revolução, porém, se conduzida sob o socialismo revolucionário não poderia ser "burguês". Mao Zedong pergunta, a respeito da revolução chinesa: "é ela uma revolução burguesa-democrática ou uma revolução proletária-socialista?" Há, de um lado, o elemento colonial e semicolonial; de outro, o elemento feudal e semifeudal. "A tarefa da Revolução Chinesa tem por objeto uma revolução nacional e uma revolução democrática para derrubar esses dois inimigos principais". Nesse sentido, é uma "nova revolução democrática". Embora abra caminho para o capitalismo, "essa revolução democrática de novo tipo cria a precondição

---

[28] Veja-se *The Third World, op. cit.,* cap. 3.
[29] *On Revolution: Selected writings,* 1920-1966 [Sobre a Revolução: escritos selecionados], org. com uma intr. de B. B. Fall, New York, A Signet Book, 1967, p. 300.

para o socialismo".[30] Nesse longo e complexo processo, cada país trilha sua própria via. Isso vem ressaltado na fórmula de Castro: "Cada povo, cada país tem sua forma de fazer sua revolução".[31] Uma consciência revolucionária socialista cria objetivos que articulam o presente com a construção do futuro, a *transição* com o *comunismo*. Eis o que assevera:

> O problema, do nosso ponto de vista, para nós, é que mesmo na medida em que as forças produtivas se desenvolvem, é preciso também ir desenvolvendo a consciência comunista. Que na mesma medida em que as forças produtivas se desenvolvem, cada passo de avanço das forças produtivas tem que ir acompanhado de um avanço na consciência dos revolucionários, na consciência do povo.[32]

Essa é a dialética da "revolução permanente", como foi entendida e formulada por K. Marx, agora não mais como forma abstrata do pensamento, mas como realidade histórica. Trata-se, como diriam mais tarde Lenin, Mao Zedong e Castro, de *levar a revolução até o fim*.

> Enquanto os pequeno-burgueses democratas querem concluir a revolução o mais rapidamente possível, depois de terem obtido, no máximo, os reclamos supramencionados, os nossos interesses e as nossas tarefas consistem em tornar a revolução permanente até que seja eliminada a dominação das classes mais ou menos possuidoras, até que o proletariado conquiste o Poder do Estado, até que a associação dos proletários se desenvolva, não só num país, mas em todos os países predominantes do mundo, em proporções tais que

---

[30] Cf. S. R. Schram, *The political thought of Mao Tse-tung* [O pensamento político de Mao Zedong], edição revista e ampliada, New York, Praeger Publishers, 1969, p. 229-230.
[31] F. Castro, *Socialismo y comunismo: un proceso único* [Socialismo e comunismo: um processo único], Seleção e notas de C. Varela, México, Editorial Diógenes, 2 ed., 1974, p. 126.
[32] *Idem*, p. 128.

cesse a competição entre os proletários desses países, e até que pelo menos as forças produtivas decisivas estejam concentradas nas mãos do proletariado. Para nós, não se trata de reformar a propriedade privada, mas de aboli-la; não se trata de atenuar os antagonismos de classes, mas de abolir as classes; não se trata de melhorar a sociedade existente, mas de estabelecer uma nova.[33]

★★★ Ora, nos países capitalistas "predominantes" as burguesias tornaram-se bastante fortes para contornar, prevenir ou protelar a *crise nacional* de sua dominação de classe, do seu poder político e do Estado democrático-burguês.

No que diz respeito à burguesia como classe dominante ou aos blocos históricos em que sempre algum estrato burguês figurou como setor hegemônico, o prolongamento da *revolução burguesa* não veio (pelo menos até agora) por meio da *revolução proletária* e do socialismo, mas da contrarrevolução. Os "índices de uma situação revolucionária" combinados com uma "situação revolucionária" apareceram em países como a Rússia, a Iugoslávia, a China, o Vietnã ou Cuba. Por isso, é tão importante considerar a Rússia como o *caso extremo* e submetê-lo a uma análise exaustiva. Nele, não só a crise nacional do sistema de poder e do próprio governo não pôde ser detida. A desagregação de toda a sociedade chegou a limites que tornou uma "solução revolucionária" a única saída possível. De outro lado, não só os operários, mas as massas camponesas tiveram um papel central em todo o processo de desagregação do *ancien régime* e de recomposição do "novo tipo de democracia" (o que está no caráter das revoluções que estouraram não no centro mas na

---

[33] K. Marx e F. Engels, "Mensagem do Comitê Central à Liga dos Comunistas", em *Textos, Op. cit.*, v. 3, p. 86-87.

periferia do mundo capitalista, entre as nações mais ou menos subdesenvolvidas, dominadas pelo imperialismo e com uma grande massa de camponeses.[34] Além disso, o ímpeto da "modernização" existia com intensidade, jogando uma parte da sociedade contra a outra, isto é, infundindo teor político aos antagonismos de classe: a autocracia, a nobreza e a burocracia buscavam preservar uma hegemonia que, econômica e socialmente, parecia deslocar-se para a burguesia, impotente para configurar uma revolução burguesa que a transformasse em pivô da *modernização da sociedade russa*. Nesse contexto, as classes trabalhadoras e destituídas tornaram-se a "força motriz" da história, dando sentido à chamada "lei do desenvolvimento desigual e combinado". A linha de revolução da ordem veio das forças sociais que *tinham menos a perder* e *mais a ganhar* com um "novo tipo de democracia", baseado na dominação de classe do proletariado, em seu partido revolucionário e em um governo que procurava exprimir a coalizão entre operários, soldados e camponeses. Por fim, por longo tempo a Rússia manteve-se como o único baluarte da existência do socialismo no "mundo moderno". Em consequência, ela testa os avanços e recuos do *socialismo em um só país* – o quanto a revolução proletária pôde tirar de criador do isolamento e do encurralamento; e o quanto ela teve de pagar, pelas próprias condições de atraso, à impiedosa e implacável conspiração externa, à pobreza e impotência do "internacionalismo revolucionário", bem

---

[34] Cf. P. Worsley, *op. cit.;* e esp. E. R. Wolf, *Peasant wars of the twentieth century*, New York, Harper & Row, 1969; B. Moore, Jr., *Social origins of dictatorship and democracy. Lord and peasant in the making of the modern world* [Origens sociais da ditadura e da democracia. Senhor e camponês na formação do mundo moderno], Boston, Beacon Press, 1967.

como à lenta acumulação de condições para encetar e consolidar a transição para o socialismo propriamente dita (um processo tardio e complexo, além do mais mal interpretado mesmo por marxistas "convictos" e "honestos"). Em suma, a existência dos "índices de uma situação revolucionária" e a "vitória da revolução" não impediram que a *revolução* tivesse de ser conquistada *mais tarde,* em um processo no qual a luta de classes e a contrarrevolução iriam desempenhar um papel constante, como Lenin foi o primeiro a perceber, a analisar de uma perspectiva marxista e a condenar politicamente. A ditadura do proletariado converteu-se na ditadura do partido revolucionário e o advento do comunismo teve de ser constantemente protelado, revelando o quão difícil vem a ser a revolução socialista em que a tirania burguesa é rompida graças aos "elos mais fracos".

Uma "acumulação socialista originária" (expressão proposta originalmente por W. M. Smirnov, segundo Bukharin) parecia abrir o caminho da criação das precondições para acelerar a transição para o socialismo e encurtar a sua duração. Como escrevia N. Bukharin:

> Aqui será necessário, em primeiro termo, atravessar um período de 'acumulação socialista originária'. Em que consistiu a essência da acumulação originária *capitalista* na produção? Em que o poder político da burguesia mobilizou grandes massas da população depois de havê-las despojado e transformado em proletários, e de haver feito delas a força produtiva fundamental da sociedade capitalista. *A produção do proletariado* é a 'essência' do período de acumulação originária. 'Fazem época na história da acumulação originária todas as transformações que servem como alavanca à classe capitalista em processo de formação; mas, acima de tudo, os momentos nos quais grandes massas humanas são privadas, brusca e violentamente, de seus meios de vida e lançadas ao

mercado de trabalho como proletários desamparados'.³⁵ Deste modo, o capital mobilizou as forças produtivas mediante a pilhagem, a violência de classe e o roubo, depois de fazer delas o ponto de partida do novo desenvolvimento. Mas também o socialismo,³⁶ que surge sobre um montão de escombros, tem necessariamente que começar pela *mobilização da força de produção viva*. Esta mobilização do trabalho constitui o fator fundamental da acumulação originária socialista, que é a negação dialética da capitalista. Seu sentido de classe não consiste na criação das precondições do processo de exploração, porém no ressurgimento econômico com *abolição* da exploração; não em violentar a um punhado de capitalistas, mas na auto-organização das massas trabalhadoras.³⁷

Contudo, as discussões do XIX Congresso do Partido Comunista da União Soviética deixavam patente que, 34 anos depois da tomada do poder, ainda se estava na primeira etapa da transição socialista para o comunismo.³⁸ A "lei do desenvolvimento harmonioso da economia nacional" sob o socialismo encobria a persistência de técnicas de organização da produção e da circulação que deveriam ter desaparecido *se* a contradição entre o caráter socialista da primeira e o caráter pelo menos semicapitalista da segunda não tivesse se mantido indefinidamente [desenvolver = remetendo os estudantes à leitura de Mandel e Bettelheim]. A principal consequência econômica da experiência do "socialismo em um só país" aparece na prioridade do desenvolvimento econômico sobre

---

[35] Citação de K. Marx, *Das Kapital,* ed. Popular, I, p. 647.
[36] Note-se: especialmente nos países de "capitalismo atrasado" ou em transição incipiente para o capitalismo [desenvolver].
[37] *Teoría económica del período de transición, op. cit.,* p. 69-70; veja-se também E.Preobrazhenski, *La nueva economía, op. cit.,* p. 142 e seguintes, cuja abordagem é mais complexa, pois situa a relação entre o grau de desenvolvimento prévio sob o capitalismo e as potencialidades da transição socialista.
[38] Cf. J. Stalin, *Les problèmes économiques du socialisme en U.R.S.S., op. cit.*

a própria revolução socialista. Aquele é o pressuposto como a condição desta última. Para *salvar-se, consolidar-se e avançar,* esta tem de admitir entraves e acaba gravitando em torno da criação de "condições objetivas" para a sua realização *madura.* O plano centralizado, o "incentivo material" e a *mobilização do trabalho* suscitam os limites dentro dos quais a economia cresce de modo constante e acelerado, segundo ritmos mais intensos que os do próprio capitalismo industrial avançado, sem contudo eliminar a distância com referência à "segunda etapa", de instauração da sociedade comunista e de vigência plena de todos os ideais revolucionários do marxismo.

★★★★ Tomando-se essa situação histórica em conjunto, nela se encontra a *base material* da redefinição e persistência da divisão do trabalho social, do contraste entre trabalho manual e trabalho intelectual, da desigualdade de "salários" (ou *equivalentes de salários*), bem como, se não de uma "nova classe" (como pretende M. Djilas), pelo menos de "grupos de *status*" ou "de prestígio" (pois, para que houvesse uma nova classe, seria necessário um enlace estrutural e dinâmico entre a apropriação dos meios de produção e o rateio social do excedente econômico por meio da circulação). Tudo isso quer dizer que ainda se está longe da contraparte socialista: a cada um de acordo com as suas necessidades. A riqueza acumulada ainda não permite acoplar a produção socializada à circulação de modelo socializado. Isso não quer dizer, porém, que não se tenha instaurado, de fato, a transição para o socialismo. Tão somente, que esta transição *ainda* se mantém em estágios insuficientes para desencadear a construção de uma sociedade na qual todos os componentes do capitalismo estejam liquidados e os principais componentes do socialismo em *pleno florescimento.* Na discussão da liberdade de deslocamento, das desigualdades de salários e privilégios, por exemplo, Roy Medvedev afirma:

> Sabe-se bem que, em certas empresas, as diferenças entre os salários dos quadros superiores ou dos diretores e o dos trabalhadores podem atingir uma proporção de um a dez, e em outros estabelecimentos de um a vinte, às vezes de um a cinquenta. Em escala nacional, a diferença pode chegar a cem, especialmente se as vantagens materiais, os cuidados médicos, as férias etc., são tomados em consideração. É justo? É racional?[39]

Tudo isso não significa nem a existência de um suposto "capitalismo de Estado" nem, tampouco, que "a transição socialista" sofreu um colapso. Ao contrário, em uma linha de análise marxista, o que parece evidente é que a contradição entre produção socializada e circulação semicapitalista (ou semissocialista) bloqueia a transformação rápida e a liquidação final desta última. As forças produtivas não são detidas (o que fica patente no êxito dos planos e no volume bem como nos ritmos da industrialização). Todavia, o impacto da expansão das forças produtivas sobre a desagregação dos últimos vestígios remanescentes do capitalismo e, em particular, na criação de uma economia fundada na generalização do valor de uso, na concepção socialista do trabalho e na satisfação das necessidades ou é bloqueado ou é seletivo. O progresso nessa direção se realiza, mas com maior lentidão do que seria possível (e sem levar em conta as exigências de uma política que pusesse a revolução em primeiro lugar). Em suma, o Estado proletário ou de transição socialista cai nas malhas de um condicionamento limitativo persistente.

---

[39] *De la démocratie socialiste* [Da democracia socialista], trad. de S. Geoffroy, Paris, Bernard Grasset, 1972, p. 267-268.

Os "desvios burocráticos" e os "excessos" da burocratização não constituem a causa desse fenômeno. Ambos se tornam possíveis porque a *base material* do Estado em questão conduz ao privilegiamento não do processo revolucionário, mas do desenvolvimento econômico rápido e da consolidação econômica dos avanços realizados na esfera da produção socializada. Os que falam em "petrificação" da Revolução Russa, baseados em argumentos falsos, cometem portanto um equívoco. A revolução não deixa de operar. A médio e a largo prazos ela leva às mesmas consequências. Contudo, ela se adapta a uma situação histórica na qual o *Estado proletário* não faz valer todo o peso da maioria, amortecendo tanto suas funções destrutivas, quanto suas funções construtivas no que diz respeito aos requisitos socialistas da liberdade, da igualdade e da fraternidade. Por exemplo, ele *não elimina* tão rapidamente quanto seria possível todas as desigualdades ou privilégios que entram em conflito com o humanismo socialista. Do mesmo modo, não constrói com a rapidez que seria possível as condições materiais da distribuição socializada e da democratização total das relações entre as massas, o partido e o Estado.

Por causa disso tem-se depreciado o "centralismo democrático", como se ele fosse responsável pelos ritmos históricos concretos da transição para o socialismo. Ora, o importante, a respeito do centralismo democrático, não é a *centralização* (não existindo uma estratificação em classes também não pode existir uma monopolização social do poder ou mesmo da capacidade de tomar decisões). É o princípio democrático ou do Estado proletário: uma democracia de massa, *de* e *para* a maioria. O impacto da *base material* sobre o partido revolucionário e o Estado proletário faz parte de um contexto histórico de duração limitada (porque se trata de um "período de transição"); ele não é contingente; mas, também, ele não conduz a uma paralisia fatal ou a uma degenerescência insuperável (como muitos diagnosticam). A própria expansão das forças produtivas socializadas acabará desencadeando os processos corretivos pelos quais a economia, primeiro, e o Estado proletário, em seguida, entrarão em uma nova etapa de aceleração revolucionária.

O grande dilema é que o contexto revolucionário confere uma autonomia especial ao Estado proletário (como Lenin apontou pela primeira vez). Por conseguinte, ele reforça os ritmos lentos da transição, sem freá-la (ou, mesmo, sem ter como freá-la a médio e a largo prazos). Por isso, acaba ocorrendo o que muitos tomaram como efeitos do centralismo democrático: o plano centralizado, por exemplo, preserva uma estrutura política intrínseca que deveria ter se transformado (pela influência da massa sobre o partido ou, de modo mais amplo, pelo desaparecimento da divisão do trabalho social, da diferença entre trabalho manual e trabalho intelectual, pelo envolvimento de *todos* os trabalhadores na administração, na tomada de decisões e, enquanto existir e perdurar, na política). A "ação da classe operária no Estado" sofre, pois, uma limitação que não deriva do centralismo democrático nem põe em questão o que será a *democracia operária* em uma fase mais adiantada da transição. Do mesmo modo, as funções sociais que o Estado proletário deveria preencher, para encurtar a transição e para forjar, nas condições existentes, as "bases econômicas de sua própria extinção" também sofrem, em consequência, uma limitação. Como escreveu Lenin,

> assim, pois, na sociedade capitalista não temos mais que uma democracia mutilada, miserável, falsificada, uma de-

mocracia unicamente para os ricos, para a minoria. A ditadura do proletariado, período de transição no comunismo, estabelecerá pela primeira vez uma democracia para o povo, para a maioria, paralelamente à repressão necessária a uma minoria de exploradores. Só o comunismo é capaz de realizar uma democracia efetivamente completa; e quanto mais ela for completa, mais depressa ela se tornará supérflua e se extinguirá a si própria.[40]

Dessa perspectiva, restringida "a ação da classe operária no Estado", a ditadura do proletariado sofre uma limitação paralela. Contudo, estamos diante de uma limitação passageira, prevista mesmo por Marx como estando condicionada à primeira fase da transição (na qual a distribuição fica contida pela desigualdade do trabalho e da distribuição). Poderá essa ditadura do proletariado ser *domesticada* pelos burocratas e tecnocratas do Partido ou do Estado proletário? Ela deixará de interagir dialeticamente com a liberação das forças produtivas e com o impacto que ela poderá ter sobre o advento da segunda fase da transição, na qual se passa plenamente da "igualdade formal" para a "igualdade real"? O que sucederá *quando* tiver vigência o princípio: "de cada um segundo suas capacidades, a cada um segundo suas necessidades"? Essas perguntas são formuladas rentes à discussão de Lenin. Pretendemos evitar todas as confusões. Para completar, duas citações desse autor. Primeira:

> Por quais etapas, por quais medidas práticas a humanidade caminhará na direção desse fim supremo, nós não sabemos nem podemos saber. O que importa, porém, é constatar a imensa mentira contida na ideia burguesa corrente segundo a qual o socialismo é qualquer coisa morta, congelada, dada

---
[40] *L'Etat et la révolution*, Oeuvres, vol. 25, p. 500. [Há edição recente em português: *O Estado e a revolução*. São Paulo: Expressão Popular, 2010 (2. ed.).]

uma vez por todas, enquanto que, na realidade, é *somente* com o socialismo que começará em todos os domínios da vida social e privada um movimento de progressão rápida, efetiva, tendo verdadeiramente um caráter de massa e do qual participará de início a *maioria*, mais tarde a totalidade da população.[41]

Segunda:

A democracia é uma forma de Estado, uma de suas variedades. Ela é, portanto, como todo Estado, a aplicação organizada, sistemática, da coação aos homens. Isso, de uma parte. Mas, de outra parte, ela significa o reconhecimento oficial da igualdade entre os cidadãos, do direito igual para todos de determinar a forma do Estado e da administração. Daí se segue, pois, que em certo estágio do seu desenvolvimento, a democracia começa por unir o proletariado, a classe revolucionária anticapitalista, e lhe permite destruir, de reduzir a migalhas, de fazer desaparecer da face da terra a máquina do Estado burguês, seja ela burguesa republicana, o Exército permanente, a polícia, a burocracia, e de os substituir por uma máquina do Estado *mais* democrática, que não deixa de ser uma máquina do Estado, sob a forma das massas operárias armadas e, mais tarde, progressivamente, de todo o povo participando da milícia. Aqui, 'a quantidade se transforma em qualidade': chegado a esse estágio, o democratismo sai do quadro da sociedade burguesa e começa a evoluir na direção do socialismo. Se *todos* participam efetivamente da gestão do Estado, o capitalismo não pode mais se manter.[42]

Lenin salienta que quando o Estado é reduzido, quanto às suas funções essenciais, ao registro e ao controle efetuados pelos próprios operários, ele deixa de ser um "Estado político".[43] A questão está em saber a *velocidade* com que o

---
[41] *Idem*, p. 510.
[42] *Idem*.
[43] Cf. p. 511, nota de rodapé.

período de transição poderá levar a tal estágio (algo variável de país a país e difícil, de modo geral, nas "condições possíveis" da transição sob o socialismo de acumulação). À luz do caso russo, a revolução do proletariado e a transição para o socialismo apresentam um dilema político real. A ditadura do proletariado, *durante certo tempo* (e, pelo que se sabe, um "tempo longo"), sofre uma protelação que deriva da rapidez desigual com que se passa à "primeira fase" na esfera da produção socializada e na da circulação de bens e serviços. O partido revolucionário e o Estado proletário absorvem o impacto, introduzindo um desequilíbrio nas relações com a massa e nas tendências à consolidação da democracia da maioria. O Estado resiste, portanto, como um *Estado político,* o que significa que ele tem inimigos a enfrentar e que a transição não pode ser tão rápida (por *motivos internos* e por *motivos externos).* O que importa: a exacerbação do autoritarismo não só se prolonga; ela se desdobra e se intensifica, contribuindo de maneira direta e indireta para que esse Estado, que persiste como tal (embora representando, de direito e/ou de fato a maioria), se converta na estrutura política de prolongamento e de moderação da *transição.* Seria correto, porém, chamá-lo por isso de um Estado autocrático e totalitário?[44] É legítimo aplicar à ditadura do proletariado as mesmas qualificações que servem para caracterizar o regime fascista sob o capitalismo avançado? De outro lado, é totalitário um Estado que se alimenta de forças sociais revolucionárias que buscam construir uma *democracia de massas* ou uma *democracia popular,* como uma etapa do controle do

---

[44] Cf. C. J. Friedrich e Z. K. Brzezinski, *Totalitarian dictatorship and autocracy, op. cit.,* C. J. Friedrich, "Totalitarianism: recent trends", *Problems of communism* [Problemas do comunismo], maio-junho,1968, p. 32-43.

Estado moderno pela maioria, da despolitização (e da eliminação final) do próprio Estado? As injunções do socialismo de acumulação complicaram as condições e os ritmos da transição socialista. Ao que parece, entretanto, elas não eliminam o caráter do Estado proletário nem retiram dele as funções que ele deve ter seja quanto à *transição,* seja quanto à passagem (imprevisível) para o estágio do comunismo. Além disso, as revoluções socialistas forjaram uma realidade histórica nova. Hoje, existem vários polos de desenvolvimento, irradiação e interinfluenciação dos *países que tendem para o socialismo.* Essa multiplicidade de polos também traz consigo muitos imprevistos inclusive conflitos irredutíveis e tensões persistentes entre nações que deveriam unificar as suas relações externas. A Rússia, modelo e suporte de muitas dessas transformações, acabou sofrendo também um desgaste e uma pressão, que põem em xeque a fórmula do "socialismo em um só país". Trata-se de um desafio novo, que não vem do capitalismo monopolista e do imperialismo, mas de outras nações socialistas. O importante está em que tal desafio não ressuscita dilaceramentos internos, que *enrijeceram* certas fases ou episódios dolorosos do "período de transição". Ao contrário, eles levantam exigências que ligam o presente ao futuro: *como* deverá ser a sociedade russa para que a Rússia, como centro do mais antigo experimento do socialismo revolucionário, tenha uma voz decisiva no concerto das nações em transição para o socialismo? O que quer dizer que, no plano internacional, crescem expectativas que repõem as esperanças de que o encadeamento entre *revolução permanente,* "democracia proletária e popular", extinção do Estado não se dá segundo as "possibilidades históricas" de tais ou quais condições concretas da *"primeira etapa* do período de transição". Mais do que um *socialismo democrático*, o que se espera da Rússia, neste último quartel do século XX, é uma demonstração da viabilidade do próprio comunismo.

Este livro foi composto com tipografia Aldine e impresso em papel Bivory 65g e MetsaBoard Prime Fbb Bright 235g na gráfica Paym, para a Editora Expressão Popular, em novembro de 2021.